KB091488

메타버스
테크놀로지

메타버스 테크놀로지

디지털 트랜스포메이션의 종착지

김기영 지음

에이콘

에이콘출판의 기틀을 마련하신 故 정완재 선생님 (1935-2004)

지은이 소개

김기영(kky416@gmail.com)

서울대학교 기계항공공학부를 졸업한 뒤 동대학원에서 응용수학, 유체역학 분야 연구로 박사학위를 받았다. 이후 디지털 마케팅 플랫폼에서 인공지능 기반 웹 데이터 분석 솔루션을 만들었으며, 금융 데이터 분석 전문회사에서 인공지능 연구소장으로 근무하면서 다양한 기업 및 결제 데이터를 분석하고 활용하는 일을 했다.

현재 시선추적, 발화분석 및 청지각 검사 등의 디지털 바이오마커 추출 기술을 모바일 기기에서 구현하는 아티피셜 소사이어티Artificial society의 대표로 있으며, 학습 능력을 진단하고 치료하는 서비스 레서Lesser를 운영 중이다. 비록 메타버스 플랫폼을 만들 능력은 없지만 메타버스가 널리 확산됐을 때 필요한 서비스가 무엇일지 고민하고 있다. 메타버스 세계에서는 사용자의 디지털 데이터가 급격하게 늘어날 것으로 보고, 아티피셜 소사이어티는 이를 분석하는 일을 하고 있다.

매일 수없이 많은 글을 읽지만 막상 다음날, 아니 1시간 후에도 기억이 나는 글은 잘 없는 세상이다. 읽을거리가 넘쳐나는 세상에 또 하나의 읽을거리를 만들면서 시간이 가도 계속 생각이 나는 글을 쓰고 싶었다. 기억에 남는 글은 마음을 움직이는 글이라고 생각한다. 그래서 지인들과 메타버스에 대한 대화를 나누며 그들의 마음을 움직였던 구절을 책으로 옮겼다.

이미 인터넷에서는 메타버스에 관한 많은 담론이 나와 있다. 이 책을 읽는 독자들 역시 그러한 정보를 많이 접했을 것이다. 그러나 디지털 정보 그 자체가 지식은 아니며, 디지털상 파편화된 정보를 읽는 행위 자체 역시 지식을 습득하는 행위도 아니다. 지식은 그러한 정보를 한데 모아 깊은 사고를 한 끝에 얻을 수 있는 것이다. 이 책은 메타버스를 기술이라는 관점에서 바라보며 좀 더 깊이 사고할 수 있도록 썼다.

메타버스는 우주여행과 비슷하다고 생각한다. 먼 미래의 일로 여겨졌으나 일상 속에서도 접할 수 있는 그 시기가 오지 않느냐고 하면 언젠가는 꼭 올 것이다. 그럼 언제 올 거냐고 묻는다면 단기간 내에는 나올 것 같지 않다. 시간이 흐르면서 메타버스가 다른 용어로 바뀌어서 나올 수도 있다. 중요한 것은 하나하나의 제품에서 시작된 디지털로의 움직임이 회사를 넘어 온 세상으로 확장되고 있는 흐름이다. 디지털은 숫자로 이뤄져 있기 때문에 디지털 세상 간에는 융합이 쉽다. 많은 기업에서 회자되는 디지털 트랜스포메이션의 목적이자 종착지야말로 메타버스일 것이다. 이 책에서는 메타버스의 기반이 되는 여러 디지털 기술을 소개하고 이들이 어떻게 메타버스를 구성하는 데 사용됐는지 소개하고 있다. 메타버스의 밝은 미래와 함께 그 사이 거쳐야 할 험난한 과정까지 모두 담았다. 많은 독자에게 이 책이 메타버스를 현명하게 받아들일 수 있는 하나의 틀이 됐으면 하는 바람이다.

시골에서 아들에 대한 절대적인 믿음을 보여주신 아버지 김태성, 어머니 서양화 두 분께 감사를 드린다. 책에 자식 이름이 나온 걸 보면 신기해 하실 것 같다. 옆에서 많은 고민거리를 들어주고 응원해 주는 아내 희원에게는 항상 고마운 마음이며, 뱃속의 아기에게도 너무 고마울 따름이다. 일하다 피곤해서 졸릴 때에도 아기 생각만 하면 눈이 번쩍 떠진다.

책이 나올 때까지 묵묵히 기다려주신 에이콘출판사 권성준 대표님께 감사의 마음을 전하고 싶다. 이 책은 권성준 대표님의 좋은 책에 대한 신념 아래 나올 수 있었다. 또 옆에서 꼼꼼하게 관리해주신 조유나 대리님께도 감사의 마음 전하며, 원고가 늦어질 때마다 담당자의 전화가 무서웠는데, 메일로 미리 알려주셔서 어느 정도 마음의 준비를 할 수 있었다.

우리나라의 발전을 위해 노력하는 이름 모를 모든 분께도 감사를 드린다. 이들의 노력 덕분에 좋은 대학에서 공부하고 좋은 연구 기반을 제공받을 수 있었다. 많이 받은 만큼 나도 대한민국의 발전에 이바지할 수 있는 사람이 되도록 노력하겠다.

차례

CHAPTER 1 디지털 컨버전스

CHAPTER 2 메타버스의 등장

CHAPTER 3 메타버스로 통합되는 기술

CHAPTER 4 메타버스의 미래

2021년 가장 핫한 키워드로 메타버스가 급부상했다. 메타버스는 현실 같지만 현실의 한계를 뛰어넘는 디지털 세계를 가리킨다. 분명히 현실이 아닌 곳에 만들어졌지만 너무나 잘 만들어져서 마치 현실이라고 생각해도 위화감이 없다. 이상적인 메타버스에서 친구도 만나고 직업도 가지며, 현실과 유사한 또 하나의 커뮤니티를 이룰 수 있다. 오히려 메타버스 현실의 시공간 제약을 뛰어넘어 자신이 원하는 모습과 삶을 디자인할 수 있는 공간이다.

메타버스는 왜 혁신인가? 디지털 서비스는 숫자라는 공용어를 사용한다. 그래서 다른 방식으로 발전한 기술들이 서로 결합하기가 쉽다. 아날로그 세상에서 필름 사진과 카세트 테이프는 전혀 다른 매체를 통해 저장되고 활용되지만, 디지털 세상에서 사진과 음원은 자유롭게 결합해 멀티미디어가 된다. 메타버스는 이러한 디지털 서비스 융합, 디지털 컨버전스의 결정체다. 융합 속에서 다양한 시너지 효과가 나온다.

그 덕분에 메타버스는 오프라인 세계에서만 가능할 것으로 생각했던 소셜 및 엔터테인먼트 요소를 온라인에서 구현할 수 있게 됐다. 기존의 온라인 쇼핑의 목적이 오로지 구매였다면 메타버스 속 온라인 쇼핑에는 친구들과의 대화는 물론이고 즐거운 볼거리까지 더할 수 있게 됐다.

그러나 하나의 사회적 트렌드로 등장한 메타버스의 방향성에는 이견이 없더라도 실제로 구현이 가능한지에 대한 정보는 많지 않다. 우리가 접하게 되는 많은 메타버스 정보는 메타버스의 현실이 아닌 메타버스의 비전이다. 여기에 메타버스 업계의 멋진 이미지나 수많은 가입자 수 그리고 세상의 모든 문제를 해결해 줄 것 같은 느낌을 심어주는 마케팅으로 인해 오히려 메타버스의 핵심을 파악하기 힘들 지경이다.

필자는 대학에서 기계공학을 전공하며 제품을 디자인하고 3D 프린터로 실제 제품을 만들어본 경험이 있다. 이후 대학원에 진학해 컴퓨터로 현실의 유체^{fluid} 움직임을 컴퓨터 속에서 시뮬레이션하고, 이를 분석해 현실의 과학 현상을 밝히는 연구로 박사학위를 받았다. 졸업 후 실물 자산 거래에 블록체인을 활용하는 스타트업 창업을 함께 준비하기도 했다. 현재는 인공지능을 통해 스마트폰에 담긴 다양한 유저 데이터를 가공해 이용자의 건강 상태를 모니터링해 서비스하는 스타트업을 운영하고 있다.

지나고 보니 필자가 경험한 인공지능, 블록체인, 확장현실, 3D 프린터 모두가 메타버스의 재료였다. 인공지능은 메타버스 내 콘텐츠를 만들고 블록체인은 금융시스템을 구현하며, 확장현실은 이를 시청각의 형태로 사용자에게 제공한다. 또 3D 프린터는 메타버스 콘텐츠를 현실로 옮겨오는 역할을 하는 것이다. 지난 20년간 축적된 디지털 기술은 코로나19로 인한 언택트^{untact} 사회문화와 결합하며 메타버스라는 하나의 키워드로 정리되고 있는 것이다.

이러한 시대의 방향성에 맞춰 이 책은 피상적으로 다뤄지는 메타버스를 각 기술의 관점에서 바라본다. 세상의 변화를 유심히 따라가려고 깨어

있는 독자들, 메타버스를 사업화하려는 스타트업 멤버들, 메타버스 속 기술 현황을 알고자 하는 경영진들이 무조건적인 낙관주의에 빠지지 않고, 현실을 직시할 수 있기를 바라는 마음으로 글을 썼다. 지난 10년간 기술에 대한 지나친 낙관주의가 얼마나 위험한지를 자주 목격해 왔기에 가능한 한 보수적인 시각으로 기술과 메타버스를 바라보려고 했다.

업계에 있다 보면 한 달만 지나도 기술의 발전을 체감할 수 있다. 그만큼 세상의 변화는 빠르다. 책을 출간할 쯤에 이 책의 내용 중 일부는 이미 구식이 돼버렸을 수도 있다. 그러나 세부적인 내용은 바뀔 수 있더라도 시대 변화의 큰 흐름은 쉽게 바뀌지 않는다. 이 책이 독자들에게 세상을 바라보는 또 하나의 창이 되길 바란다.

CHAPTER 1 　디지털 컨버전스

디지털 컨버전스(digital convergence)는 메인이 되는 하나의 제품 또는 서비스에 다양한 제품 및 서비스가 융합되는 현상이다. 그동안 별개의 제품으로 생각했던 음악 플레이어, 무선전화 및 커뮤니케이션 기기를 모두 하나의 기기에서 구현한 아이폰이 디지털 컨버전스의 대표적 사례. 메타버스 역시 완전히 새로운 개념이 아닌 디지털 컨버전스의 결과로 생긴 서비스로 볼 수 있다. 메타버스 속에는 인공지능, 블록체인, 확장현실, 3D 프린터, 클라우드 등 그동안 혁신을 이끌었던 다양한 기술이 융합돼 있다.

디지털 기술의 발전으로 현실은 디지털화되고, 디지털 세상은 현실화되고 있다. 오프라인 매장은 점점 무인화돼 온라인과 유사한 형태가 되며, 온라인 매장은 오프라인의 매력을 따라가고 있다. 그리고 이러한 현상이 지속된다면 온라인과 오프라인의 구분은 더욱 모호해질 것이다.

메타버스(Metaverse)는 디지털 세계를 부르는 하나의 이름이다. 그것도 단순한 디지털 세계가 아니라 '현실 같지만 현실의 한계를 뛰어넘는 디지털 세계'이다. 1장에서는 현실에서 디지털 세계로, 디지털 세계에서 현실로 그리고 현실과 디지털 세계가 공존하는 메타버스 개념에 대해 살펴본다.

: 혁신으로서의 디지털 컨버전스

2021년이 되면서 가장 많이 회자되는 이야기 중 하나는 메타버스에 대한 내용이다. 과거에는 많은 이용자가 네이버와 구글에서 새로운 이슈를 검색했다면 이제는 유튜브에서 찾아보는 시대다. 유튜브에서 메타버스를 검색하면 엄청나게 많은 '메타버스 추천주' 관련 영상이 뜬다. 혹시 주식을 하는 이를 위한 맞춤 추천 때문일까 싶어 대부분의 영상을 훑어봐도 여전히 주식에 관한 내용이 가장 많다.

지난 20년을 돌아보면 수많은 빅테크 기업이 생겨나고 사라져 갔다. 그리고 세상을 바꾼다던 기술도 생겨났다가 사라지거나 다른 기술과 통합되며 시너지 효과를 내기도 했다. 2000년을 전후로 인터넷과 이를 바탕으로 하는 다양한 기기와 서비스가 등장했다. 지금의 스마트폰이 과거에는 무선전화로 불렸다는 사실이 새삼스러울 정도다. 무선전화는 유선전화에 비해 어느 곳에서나 전화할 수 있다는 의미로, 당시에는 선 없이 전화한다는 사실만으로도 신기하게 받아들일 정도였다. 무선전화가 대중화될 때쯤 또 한편에서는 필름카메라에 대항한 디지털카메라가 보편화됐고, 카세트 플레이어에 대적하는 MP3 플레이어도 출시됐다. 이뿐만 아니라 다른 모든 기기에 대해서도 디지털화 시도가 이뤄졌고, 실제로 많은 제품이 디지털 기기로 재탄생했다. 하지만 요즘에는 무선전화도 디지털카메라도 MP3 플레이어도 찾아보기가 어려운데, 대부분의 사람들이 이 모든 기능을 하나로 모은 스마트폰을 사용하는 시대가 됐기 때문이다.

애플의 창업자 스티브 잡스는 최초의 스마트폰으로 불리는 아이폰을 공개하는 자리에서 다음과 같이 말했다.

> 저는 오늘 3가지 혁신적인 제품을 발표하려고 합니다. 첫 번째는 터치로 컨트롤할 수 있는 와이드 스크린을 장착한 아이팟^{ipod}입니다. 두 번째는 혁신적인 모바일 폰입니다. 세 번째는 상식을 뒤엎는 인터넷 커뮤니케이션 디바이스(communicator)입니다. 아이팟, 폰, 커뮤니케이션 디바이스 총 3가지죠. 여러분 혹시 감을 잡으셨나요? 이것은 3가지로 분리된 별도의 디바이스가 아니라 하나의 기기입니다. 그리고 우리는 이것을 아이폰이라고 부르겠습니다. 오늘부로 애플은 모바일 폰을 재탄생시킬 것입니다.

아이폰은 그동안 별개의 제품으로 생각했던 아이팟, 폰 그리고 커뮤니케이션 디바이스를 모두 하나의 기기에서 구현했다. 그리고 UI 혁신을 더한 아이폰은 모바일이라는 새로운 시장을 열었다. 지금에 와서는 너무나도 당연해 보이는 모바일 시장이 그 당시에는 혁신이었던 것이다. 이후 스마트폰은 잡스가 제시한 3가지 기능을 훨씬 뛰어 넘는 더욱 다양한 콘텐츠를 품으며 디지털 세계에서 제왕적 위치에 오르게 됐다.

디지털 기술 기반의 여러 제품이나 서비스를 융합해 새로운 형태의 제품이나 서비스로 탄생시키는 사례는 많다. 자동차 역시 단순히 이동하는 수단을 의미하지 않으며 자율주행, 사용자 건강을 살피는 헬스케어 시스템, 안마 시트, 엔터테인먼트 시스템이 모두 결합돼 있다. 디지털 기술은 아날로그 기술에 비해 숫자라는 만국공통어가 있기에 서로 간의 결합이 용이하다. 이러한 **디지털 기술 간의 결합으로 새로운 제품이나 서비스가 생기는**

현상을 디지털 컨버전스라고 부른다.

 디지털 컨버전스는 메인이 되는 하나의 제품 또는 서비스에 다양한 제품과 서비스가 융합되는 현상이다. 무선전화, 디지털 카메라, MP3 플레이어가 합쳐진 스마트폰 같은 기기뿐만 아니라 방송, 교육, 엔터테인먼트가 합쳐진 유튜브 같은 무형의 서비스도 디지털 컨버전스라고 부른다. 제품과 서비스에서 시작된 디지털화의 흐름이 이제는 기술과 문화로 이어지고 있다. **메타버스 역시 완전히 새로운 개념이 아닌 기술과 문화의 디지털 컨버전스 결과**로 볼 수 있다. 디지털 컨버전스는 파편화된 디지털 기기나 서비스를 융합해 다양한 고객의 니즈를 충족시키며 시장 점유율을 확보해 나가는 방법이다. 미래에는 메타버스가 다른 이름으로 불리게 될지도 모른다. 그러나 디지털 컨버전스라는 방향성은 변하지 않는 흐름이자 혁신의 방향이다.

 혁신이라는 단어는 단연 기업에서 제일 화두가 되는 단어다. 혁신하지 못하고 머물러 있는 기업은 도태되기 때문이다. 대표적으로 필름카메라의 대명사인 코닥Kodak이 1975년 디지털카메라를 최초로 만들고도 디지털 산업에 대해 부정적 입장을 밝히며 시대 흐름에 역행하다 파산한 사례가 있다. 따라서 시대가 빠르게 변하는 만큼 기업도 계속해서 혁신을 해야 한다는 것은 불문율처럼 받아들이고 있다.

 2010년 이후의 사회는 초개인화로 개인의 취향에 맞는 서비스가 급증하게 되며, 고객의 취향이 과거와는 달리 상당히 파편화돼 있다. 기업은 다양한 고객의 니즈를 맞출 수 있도록 제품과 서비스를 업그레이드하고 있다. 그러나 마차를 업그레이드한다고 해서 자동차가 되지는 않는 법이다. 회사가 아무리 고객을 잘 파악하려 해도 고객 스스로가 자신을 파악하는 만큼 잘 알 수는 없다. 여기에서 크리에이터와 콘텐츠 커뮤니티가 핵심 화두로 떠오르기 시작했다. 유튜브를 필두로 콘텐츠 크리에이터에게 보상을 주면서 플랫폼을 콘텐츠로 가득 채우며 고객을 모집하는 기업이 늘어나고 있다. 실제로 MCN^{Multi-Channel Network}은 유튜버 같은 인터넷 방송인들의 기획사로 최근 몇 년간 MCN은 엄청나게 성장했다.

미국에는 〈로블록스^{Roblox}〉라는 게임이 있다. 아주 단순한 레고 형태의 캐릭터를 바탕으로 게임 크리에이터가 개발한 수천만 가지의 게임을 즐길 수 있다. 과거의 게임이 정해진 규칙 안에서 플레이할 수밖에 없었던 구조에서 벗어나 플레이하는 사용자가 게임을 직접 제작할 수 있게 함으로써 플레이 가능한 게임의 수를 엄청나게 늘렸다. 유튜브 크리에이터들이 영상 콘텐츠를 제작한다면 〈로블록스〉의 크리에이터들은 게임을 제작한다. 당연히 플랫폼은 크리에이터에게 수익을 공유한다. 정보의 확산이 매우 빠른 초연결시대가 도래함에 따라 좋은 콘텐츠는 빠른 시간에 전 세계 사람들과 공유된다. 유튜브와 〈로블록스〉는 콘텐츠 생태계 혁신의 본보기다. 그리고 본보기가 된 콘텐츠는 2000년 이전에는 생각지도 못했을 영상과 게임 같은 디지털 콘텐츠다.

최근 몇 년 사이 디지털 트랜스포메이션^{digital transformation}이라는 단어가 유행하고 있다. 제품이나 서비스뿐만 아니라 **회사의 구조나 의사결정과정 등 모든 부분의 디지털화를 통해 자동화, 표준화를 이뤄내 생산성을 높이려는 것**이다. 기업이 디지털 기술을 도입해 회사 프로세스상 새로운 기능을 추가하거나, 제품에 새로운 기능을 추가한다면 더욱 큰 부가가치를 창출할 수 있기 때문이다. 실제로 지난 20여 년의 역사는 디지털의 잠재력을 보여준 시기였다. 이러한 디지털 트랜스포메이션 역시 많은 부분을 디지털화하고 이를 융복합해 시너지 효과를 낸다는 점에서 디지털 컨버전스 현상이라 볼 수 있다. 그러나 이를 단순히 하나의 기업이 디지털화되며 자체 효율성이 높아진다는 의미로 보는 것은 협소한 시각이다. 앞서 얘기했듯이 디지털 기술은 숫자라는 만국공통어가 있다. 덕분에 디지털화된 기업끼리는 비교적 자유롭게 서비스를 공유하거나 확장할 수 있으며, 따라서 다양한 고객의 니즈를 충족시킬 수 있는 새로운 시장을 개척하기에 용이하다. 따라서 디지털 트랜스포메이션의 핵심은 각 기업이 디지털화되는 것과 더불어 발생하는 **디지털화된 기업 간의 융복합**(디지털 컨버전스)이다. 디지털 트랜스포메이션이 가속화됨에 따라 혁신으로서의 디지털 컨버전스 현상은 더욱 자주 눈에 띄게 될 것이다. 이러한 **디지털 트랜스포메이션의 종착지에 메타버스**가 있다.

메타버스는 여러 서비스의 융합체다. 이러한 다양한 서비스를 고객이 거부감 없이 받아들이게 하려면 그 세계는 현실과 유사한 모습이어야 할 것이다. 이제 현실과 닮은 가상 세계인 메타버스를 조금 더 가까이서 살펴보자.

: 디지털화된 세상: 메타버스

네오, 너무나 현실 같은 꿈을 꾸어본 적이 있나? 만약 그 꿈에서 깨어
나지 못한다면, 그렇다면 꿈속의 세계와 현실의 세계를 어떻게 구분하
겠나? – 영화 「매트릭스」

2199년 어느 먼 미래, 인간들은 태어나자마자 자신들이 만든 인공지능에
의해 뇌에 매트릭스라는 프로그램이 입력되고, 이들에 의해 철저하게 통
제를 받으며 인공지능의 생명 연장을 위한 에너지로 사용되기 위해 1999
년의 가상현실 속에서 살게 된다. 인간이 하는 모든 행동과 감정은 매트릭
스를 통해 기록되며, 인간은 가상현실과 진짜 현실을 인식하지 못한다.

영화 「매트릭스」의 인기는 영화의 설정이 사람들의 마음속에 있는 궁금
증과 불안을 자극했기 때문일 것이다. 과거부터 인간은 끊임없이 가상 세
계에 대한 궁금증을 품고 살았다. 종교에 나오는 천국과 지옥 같은 사후
세계뿐만 아니라 먼 우주에 있을 법한 다양한 세계에 대한 이야기도 많다.
디지털 기술의 발전으로 이제는 디지털로 만든 가상 세계를 꿈꾸기 시작
했다.

디지털 세계는 순수하게 인간에 의해 창조됐다. 따라서 만든 이가 허용하는
한 디지털 세계에서는 모든 것이 자유롭다. 이 자유로움은 디지털 세계에
서 신체를 자유롭게 움직일 수 있는 것뿐만 아니라 신체의 형태를 선택하
고 어디에 있을지 선택하는 것도 가능하다는 뜻이다. 동일한 신체가 동시
에 여러 곳에 존재하는 것도 가능하며, 심지어 시간을 거꾸로 돌리는 일도

가능하다. 디지털 세계는 인간이 창조한 방식대로 움직이기 때문이다.

높은 자유도는 시공간과 비용의 한계에 부딪힌 현실의 많은 장벽을 깨부순다. 밖으로 거동하기 불편해 요양원에서 매일 TV만 볼 수밖에 없는 노인들은 고작해야 요양원 근처를 잠시 산책할 수 있을 뿐이다. 노인들이 요양원 TV 속에 나오는 세계에 직접 들어가 활동할 수 있다면 얼마나 좋을까? 디지털 세계는 이를 가능하게 한다. 노인들은 디지털 세계에 접속하는 디바이스를 활용해 디지털 세계에 와서 신체 건강한 아바타를 활용해 자유롭게 움직일 수 있다. 노인의 모습이 아닌 20대의 모습으로 돌아가 파티도 갈 수 있고 사교모임에도 나갈 수 있다. 비단 노인들뿐만 아니라 장애가 있는 학생들이나 시공간의 제약을 받는 많은 사람도 이를 이용할 수 있다. 디지털 세계에서는 시공간과 비용의 제약에 막혀있던 장벽이 낮아지게 되며 수많은 기회가 생긴다. 이것이 디지털 세계가 가지는 매력이다.

메타버스는 디지털 세계를 부르는 하나의 이름이다. 그것도 단순한 디지털 세계가 아니라 '**현실 같지만 현실의 한계를 뛰어넘는 디지털 세계**'다. 영화 「매트릭스」 속 인간들은 매트릭스 내에서 이곳이 현실인지 가상 세계인지 구분하지 못한다. 이것이 지금의 사람들이 열광하고 있는 메타버스의 모습이다. 물론 지금의 기술로는 갈 길이 멀다. 그럼에도 최근의 기술 발전과 사회문화의 변화는 메타버스 시대에 대한 사람들의 거부감이 훨씬 줄어들었음을 보여준다. 물론 지금의 기술과 콘텐츠는 이 모든 것을 원활히 수행하기에는 아직 부족하다. 그러나 과거의 여러 시도에도 불가능해 보였던 이러한 시도가 최근 들어 다시 각광을 받고 있다. 제반 기술이 정비를 마치면서 많은 기업이 디지털로 전환하고 있기 때문이다.

현실과 디지털화된 세계의 관계는 앞으로 어떻게 변할 것인가? 미래를 보기 전에 과거를 돌아보자. 메타버스는 현실과 디지털 세계의 상호작용에 따라 다음과 같이 세 가지로 분류해볼 수 있다.

현실 → 디지털 세계: 소셜

컴퓨터가 생기기 전에는 일기장에 일기를 쓰고 다이어리에서 일정을 관리했다. 컴퓨터에서 문서작업이 가능해짐에 따라 일부 기록은 컴퓨터에 남기기도 했으며, 인터넷이 발달하며 게시판에 글을 남기며 다른 사람들과 소통하기 시작했다. 그렇게 대규모의 사람들이 모여 자신들의 이야기를 나누고 소통하는 소셜미디어가 탄생했다. 시간이 흐르면서 인스타그램은

	10대	20대	30대	40대	50대
1위	(221만 명)	(493만 명)	(440만 명)	(502만 명)	(544만 명)
2위	(191만 명)	(386만 명)	(319만 명)	(298만 명)	(297만 명)
3위	(86만 명)	(178만 명)	(268만 명)	(266만 명)	(177만 명)

그림 1.1 2020년 1분기 월별로 발생한 소셜미디어 이용자 수의 산술평균값[1]

---

1 닐슨 코리안클릭(2020. 05), 2020년 1분기 포털&SNS 보고서, DMC미디어 재가공

이미지, 틱톡과 유튜브는 영상이라는 매개체를 통해 소통할 수 있게 했다. 단순히 소통을 넘어서 디지털 세계 내의 내 아바타를 꾸미는 것 역시 중요해졌다. 싸이월드^{CyWorld}는 디지털 공간 속에 내 방을 꾸밀 수 있는 미니룸 서비스를 출시했으며, 제페토^{Zepeto}는 내 캐릭터를 자유롭게 만들고 꾸밀 수 있으며, 주변 환경을 꾸밀 수 있게 했다. 현실 속 나를 꾸미는것처럼 내 캐릭터를 꾸미고, 내 방을 꾸미는 것처럼 가상 세계 속 내 방을 꾸미는 것이다. **현실 속에서 일어나는 일이 점점 디지털 세계로 흡수**됐다.

디지털 세계 → 현실: 엔터테인먼트

인터넷이 널리 퍼지기 전 컴퓨터 게임은 도트 이미지에서 혼자서만 즐길 수 있었다. 인터넷이 급속도로 보급되면서 여러 사람이 함께 할 수 있는 온라인 게임이 보급되기 시작했다. 인터넷 속도가 급격히 빨라지고 이를 활용하는 인구가 늘어남에 따라 대규모 인원이 하나의 공간에서 플레이하는 MMORPG가 유행했다. 어느 순간 게임 속에서 길드라는 사회집단이 형성되고, 게임 속 아이템을 현실에서 거래하기도 했다. 이뿐만 아니라 게임은 영화로 만들어지기도 하고, 게임 캐릭터는 현실로 나와 각종 제품으로 만들어졌다. **디지털 세계에서 일어나는 일이 현실에도 영향**을 미치기 시작한 것이다.

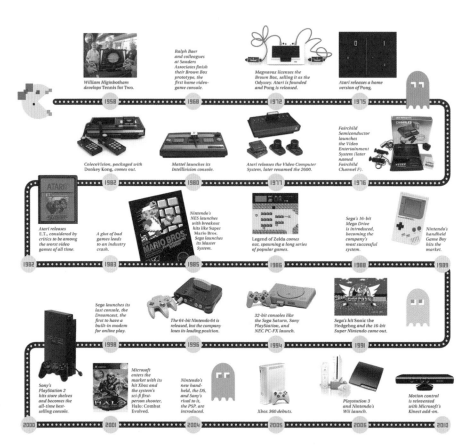

그림 1.2 시대별 게임의 변천사[2]

디지털 세계는 현실의 많은 부분을 보완 및 대체해 나가고 있다. 2021
년 도쿄올림픽 행사가 열리기 직전 국제 올림픽 위원회[IOC]는 가상 올림픽
시리즈[Olympic Virtual Series]를 개최했다.[3] 종목은 올림픽 종목과 동일한 야구,

2 출처: https://nickjamesandrews.wordpress.com/2014/05/19/unit-20-computer-game-platforms-
   and-technologies/

3 출처: https://olympics.com/en/featured-news/olympic-virtual-series-2021-things-to-know

사이클, 요트, 조정과 새롭게 추가된 레이싱이며, 경기는 비디오 게임 형태로 진행됐다. 비록 메달을 수여하지는 않았지만 트로피는 수여됐다. 코로나 와중에 진행된 올림픽으로 많은 질타를 받은 일본의 사례를 참고했을 때 가상 올림픽 시리즈 같은 현실을 보완 및 대체하는 디지털 세계는 더욱 확대될 것이다.

현실+디지털 세계: 디지털 트윈

과거에 하나의 제품을 설계하기 위해서는 직접 손으로 디자인하고 그렸다. 의자를 설계할 때도 부품별로 위와 아래 그리고 옆에서 본 모습을 직접 그렸으며, 기계공학과에 진학하면 가장 먼저 배우는 것이 바로 이러한 기계 제도였다. 그러나 2차원 종이에 그려진 모습으로 3차원 모습을 상상하는 게 쉽지는 않다. 다행히 컴퓨터가 보급되면서 실제 3차원 모습을 그대로 설계할 수 있는 CAD Computer-Aided Design 를 활용할 수 있게 됐다. 그래픽카드 전문 업체인 엔비디아Nvidia는 2020년 옴니버스라는 3D 디자인 협업 플랫폼을 공개했다. 옴니버스는 다수의 사람들이 동시에 디지털 작업환경에 접속해 함께 디자인할 수 있는 솔루션이다. 국내 버넥트virnect 사는 증강현실을 활용한 산업현장의 디지털 트랜스포메이션을 이끌고 있다.

사람들은 디지털 세계 내에서 CAD로 설계된 제품을 사용해볼 수 있으며, 이 제품이 제대로 성능을 내는지 시뮬레이션을 해볼 수 있다. 하나의 제품뿐만 아니라 공장 전체나 공급망supply chain을 디지털 세계 내에서 돌려볼 수 있다. 이들이 현실 속에서 변화하는 조건에 따라 원활히 운용되는지 시뮬레이션을 통해 최적의 솔루션을 찾은 후 이를 현실에 다시 적용하는 것이다.

그림 1.3 볼보 자동차는 자사의 연구 및 개발 워크플로를 위해 옴니버스를 시범 사용 중이다.[4]

위의 세 가지 과거 사례는 메타버스가 갖는 특징의 각 부분이 발현된 것이다. 근 20년 동안 현실과 디지털 세계의 접점은 점점 늘어가고 있다. 세상이 급격하게 디지털로 변화하는 것이다. 그동안 큰 관심을 받아왔던 인공지능, 블록체인, VR, AR, 3D 프린터, 클라우드 모두 디지털 세계를 구성하는 데 부분적인 역할을 수행하던 기술이다. 과거 다양한 디지털 기기가 스마트폰으로 통합된 것처럼 오랜 시간 축적된 기술은 디지털 기술

---

4 엔비디아 옴니버스(Omniverse)

의 융복합 결정체인 메타버스로 통합될 것이다. 그 결과 우리는 실제 세계와 가상 세계가 결합된 새로운 세계를 맞이하게 될 것이다. 현실과 구분할 수 없을 정도의 완전한 형태의 메타버스는 아직도 요원하고, 어쩌면 그 위험성 때문에 나오지 않을 수도 있다. 그럼에도 메타버스의 각 특징만을 이용하는 다양한 서비스가 계속해서 나타나게 될 것이다.

CHAPTER 2

메타버스의 등장

디지털 세계는 특정 기능을 수행하기 위해 만들어진 반면 오프라인은 소셜 및 엔터테인먼트 공간이다. 이러한 요소를 온라인에서 구현한 것이 바로 메타버스를 낳았다. 메타버스는 기존의 디지털 세계와 다른 소셜 및 엔터테인먼트를 갖춘 오프라인과 같은 온라인 세계다.

싸이월드 같은 소셜미디어에서 〈리니지(Lineage)〉 같은 게임까지 다양한 디지털 세계가 생겨났다. 여기에 지난 10년 동안 인공지능, 블록체인, 확장현실이라는 디지털 기술이 급격히 성장했고, 언택트 사회라는 사회문화적 기반이 조성됨에 따라 이전보다 훨씬 현실감 넘치는 디지털 세계가 대중화되리라는 기대감이 메타버스 열풍을 일으키고 있다.

따라서 메타버스를 바라보는 사람들의 관심을 단순히 하나의 기술에 대한 관심으로 이해하기보다는 디지털화라는 **사회전반의 변화**에 사람들이 더 이상 거부감을 갖지 않는다는 것으로 이해해야 한다. 2장에서는 메타버스의 태동과 이들의 사회문화 및 기술적 기반에 관해 살펴보고 이들이 소셜미디어, 게임, 디지털 트윈에서 어떻게 적용되고 있는지 살펴볼 것이다.

： 메타버스의 태동

메타버스는 메타^{Meta}(더 높은, 초월한)와 유니버스^{Universe}(세계)의 합성어로 현실을 초월한 세계를 의미한다. 이는 1992년 닐 스티븐슨^{Neal Stevens}의 소설 『스노우 크래시^{Snow Crash}』에 나오는 가상 세계의 이름으로, 아바타^{avatar}라는 용어 역시 이 소설에서 처음 사용됐다. 소설은 메타버스 안에서 스노우 크래시라는 마약을 사용하면 아바타의 주인인 현실 세계 사용자의 뇌에 치명적인 손상을 입힌다는 사실을 발견하고 스노우 크래시의 실체를 추적하는 과정을 그렸다.

2018년에 개봉한 영화 「레디 플레이어 원^{Ready Player One}」에서는 소설 속 상상력에서만 그려진 메타버스의 모습을 실제 눈으로 확인해 볼 수 있다. 「레디 플레이어 원」은 어니스트 클라인^{Ernest Cline}이 쓴 동명의 소설을 바탕으로 스티븐 스필버그^{Steven Spielberg} 감독이 제작한 영화다. 영화 속에는 오아시스라 불리는 가상 세계가 있는데 특수한 수트와 헬멧을 쓰면 그곳에 접속할 수 있으며 오아시스에서 느끼는 오감은 수트와 헬멧을 통해 현실의 육체에 전달된다. 가상 세계인 오아시스에 접속하면 내 모습을 자유롭게 바꿀 수도 있고, 원하면 어디든지 갈 수 있다. 그렇기에 빈민가에 살고 있는 주인공도 오아시스에 접속하는 것을 유일한 낙으로 삼고 있다. 현실은 쓰레기더미 속에 있더라도 가상 세계에서는 파티에도 참여하고 연인과 사랑을 나눌 수도 있기 때문이다.

메타버스는 디지털 세계다. 그리고 디지털 세계는 인간에 의해 만들어진 가상 세계다. 그런데 가상 세계의 개념이 명확하지 않아 사람마다 생각하는 메타버스가 다르다. 용어가 통일되지 않았기에 많은 혼란이 생기고 있는 것이다. 어떤 이는 국내의 원조 SNS 싸이월드도 메타버스라고 주장하기도 하며, 또 다른 이는 현실의 감각과 완전히 단절된 디지털 세계야말로 메타버스라고 주장하기도 한다.

적어도 최근에 화제가 되고 있는 메타버스의 개념은 '**현실 같지만 현실의 한계를 뛰어넘는 디지털 세계**'로 정리할 수 있다. 디지털 기술로 만들어진 현재 여러 커뮤니티를 메타버스의 하위 개념으로 두기보다 새롭게 만들어갈 디지털 세계를 기준으로 삼는 것이 이 용어에 어울린다. 대신 과거의 싸이월드나 게임은 메타버스의 전체가 아닌 부분적인 속성을 지니는 것으로 설명할 수 있다.

메타버스의 속성을 이해하기 위해 쇼핑을 생각해보자. 오프라인 쇼핑은 즐겁다. 그런데 매번 쇼핑하러 이동하고 무거운 물건을 들고 다니는 것은 힘들다. 날씨가 안 좋다면 두 배로 힘이 든다. 하지만 온라인 쇼핑은 이런 어려움이 없다. 주문하기만 하면 대부분 다음날 집 앞에 주문한 물건이 도착해 있다. 최근 10년간 온라인쇼핑 시장인 이커머스electronic commerce는 급성장했다. 이커머스도 음식, 패션, 수공예품 등 다양한 상품군으로 영역을 확장해 나가고 있다. 그런데 온라인 쇼핑이 그렇게 만족스럽다면 왜 아직도 사람들이 오프라인으로 쇼핑을 하러 나갈까?

오프라인에 쇼핑을 하러 간다는 것은 단순히 물건을 사러 간다는 뜻만은 아니다. 그 속에는 함께 하는 친구와 그동안의 근황도 나누고 길을 가다 보이는 많은 것에 대해 얘기를 나누는 시간도 포함돼 있다. 그러다 광고판에 붙어있는 공연 포스터를 보고 보러 갈지 고민도 하고, 길거리 연주자의 음악을 듣기도 한다. 물건을 사는 행위에만 모든 것이 맞춰진 온라인 쇼핑과는 차원이 다르다.

오프라인은 소셜 및 엔터테인먼트 공간이며, 이러한 요소를 온라인에도 구현하려는 노력이 바로 메타버스를 낳았다. 메타버스는 기존의 디지털 세계와 다른 **소셜 및 엔터테인먼트를 갖춘 오프라인 같은(즉 현실과 유사한) 온라인 세계다.**

메타버스

소셜

엔터테인먼트

그림 2.1 메타버스의 큰 두 축: 소셜 및 엔터테인먼트

사실 온라인과 오프라인의 구분은 점점 모호해지고 있다. 오프라인 현실은 디지털화되며 디지털 세상은 현실화돼 가고 있는 것이다. 오프라인 매장은 점점 무인매장이 늘어나 온라인과 유사한 형태가 되며, 온라인 매장은 오프라인의 매력을 따라가고 있다.

코로나19로 인해 학교와 기업처럼 많은 사람이 모여 있는 것을 꺼리는 언택트 문화가 자리잡았다. 언택트 문화란 서로 만나지 말자는 것이 아니라 비대면으로 해보자는 문화 현상이다. 덕분에 그동안 가능했지만 널리 이용되지 않았던 웹 캠web cam을 통한 회의와 수업, 재택근무 문화가 자리 잡았고, 법 제도에 막혀있던 원격진료의 길이 열리게 됐다. 코로나19 상황을 통해 당연히 오프라인에서만 가능할 것으로 생각했던 파티나 친구 간의 만남과 쇼핑도 제한적으로나마 온라인에서 가능하다는 것이 증명됐다. 코로나19가 언택트 문화를 도입했다고 하는 이들도 있지만, 사실 코로나19는 언택트 사회로 가고 있는 시대의 흐름을 더욱 가속화시킨 것으로 볼 수 있다.

개더Gather나 팀플로우Teamflow 같은 가상 사무실 플랫폼 역시 소셜 및 엔터테인먼트 요소를 디지털 세계에 도입한 좋은 사례다. 이 플랫폼 공간 내에서 사용자는 게임처럼 자신의 캐릭터를 이동시키며 업무를 본다. 오프라인과 유사하게 두 캐릭터가 가까이 있으면 서로의 얼굴이 보이고 말도 할 수 있지만, 멀어지면 얼굴이 보이지도 않고 소리가 들리지도 않는다. 단순히 업무를 위한 메신저가 아니라 사회적인 기능을 할 수 있는 요소를 가상 사무실이라는 플랫폼 속에 집어넣은 것이다. 이를 통해 디지털 세계임에도 일터에서 나와 잡담을 나누고 휴식도 취할 수 있다. 메타버스는 모호해지는 온라인과 오프라인의 중간쯤에 위치하고 있다.

이제 메타버스의 속성이 과거로부터 어떻게 태동했는지 살펴보자. 메타버스의 가장 큰 속성은 '**디지털 기술을 활용해 구성된 커뮤니티**'인 **소셜미디어**의 성격을 갖고 있다는 점이다. 이런 관점에서 스마트폰을 통해 접속해 소통할 수 있는 페이스북, 트위터 같은 플랫폼 역시 메타버스의 속성을 갖고 있는 셈이다. 우리가 직접 아바타를 만들고 조종하는 디지털 세계 내 물리적 공간만 없을 뿐이지 디지털 공간 속에서 정보의 교류가 일어나고 있기 때문이다. 사실 아바타가 등장하는 소셜미디어는 페이스북, 트위터보다 더 먼저 생겼지만. 20여년 전의 기술로는 만족스러운 서비스를 제공하지 못해 사라지고 말았다. 2003년 시작한 소셜미디어 서비스인 마이스페이스my space는 당시 온라인 음악과 친구 찾기 기능을 앞세워 미국 10대들에게 열풍을 일으켰다. 7천만 명을 웃도는 마이스페이스 회원들을 매출로 연결시키기 위해 미 언론 재벌인 루퍼트 머독Rupert Murdoch이 마이스페이스를 2005년 약 6천 5백억 원에 인수했다가 2011년 약 400억 원에 매각했다. 2003년에는 세컨드라이프Second Life라는 가상현실 플랫폼도 출시됐다. 세컨드라이프는 사이버 머니를 통한 경제시스템은 물론 사회 시스템도 갖추고 있어 대기업뿐만 아니라 정당이나 학교 같은 다른 단체도 참여했다. 세컨드라이프를 만든 필립 로즈데일Philip Rosedale은 닐 스틴븐슨의 소설 『스노우 크래시』에서 영감을 받아 세컨드라이프를 만들었다고 밝혔다. 비슷한 시기 한국에서는 싸이월드가 있었는데, 미니홈피와 더불어 캐릭터를 꾸미고 미니홈피 속 방을 꾸밀 수 있었으며, '일촌'이라는 이름으로 인간관계를 맺었다. 미니홈피 첫 화면에는 미니룸이라는 작은 방이 있어 아이템을 구매해 꾸밀 수도 있었다. 캐릭터를 꾸미며 미니룸에 들어가 같이 사진을 찍는 것도 가능했고 여기서 서로 소통하기도 했다.

그림 2.2 세컨드라이프(위)와 싸이월드 미니홈피와 미니룸(아래)

메타버스의 또 다른 중요한 속성은 높은 자유도를 갖는 **엔터테인먼트**의
성격이 있다는 점이다. MMORPG(대규모 사용자 온라인 롤플레잉 게임)는 대
규모의 사용자가 인터넷을 통해 게임에 접속해 각자의 역할을 맡아 플레
이(롤플레잉 게임)를 하는 방식의 게임이다. 〈리니지〉나 〈월드 오브 워크래

프트^{World of Warcraft}〉 같은 MMORPG 게임도 메타버스의 중요한 속성을 가진

것으로 볼 수 있다. 2000년 즈음부터 급격하게 증가하기 시작한 MMORPG

는 게임 회사에서 지정한 맵에서 지정된 방식으로 역할을 수행하는 게임

이었다. 시간이 흐르면서 샌드박스^{sand box}라는 게임 장르가 등장했다. 샌

드박스 게임은 주어진 공간에서 자유롭게 지형을 탐사하고 원하는 대로

구조물을 만들어 배치하거나 없앨 수 있는 게임을 말한다. 게임 속 세계에

서 자유도가 매우 높은 것이 특징인데 아이들이 소꿉놀이를 할 때 모래 상

자(샌드박스)에서 자유롭게 무언가를 만들 수 있다는 점에서 이런 이름이

붙었다. 대표적인 샌드박스 게임으로 2011년 정식 발매 후 2억 장 이상이

판매된[1] 〈마인크래프트^{Minecraft}〉가 있다. 〈마인크래프트〉는 모든 것이 네

모난 블록으로 이뤄진 세계에서 자유롭게 채집, 농사, 사냥, 건축 등을 하

며 생존하는 게임이다. 다른 사용자가 만든 맵이나 모드를 다운받아 즐길

수도 있고, 그래픽을 완전히 변경시켜 화면을 바꿔버릴 수도 있다. 이런 높

은 자유도 덕분에 다양한 크리에이터가 2차 창작물을 만들 수 있었고, 이런

이유로 〈마인크래프트〉는 게임이면서 게임 플랫폼이라고 불리기도 한다.

〈마인크래프트〉는 전 세계에서 가장 많이 팔린 비디오 게임으로, 2014년

마이크로소프트는 약 2조 5천억 원에 〈마인크래프트〉를 만든 개발사인

Mojang을 인수했다.

　샌드박스 게임에는 게임 플레이의 목적이 불분명하다. 샌드박스 게임

이면서 전투를 강조해 퀘스트를 깨는 〈테라리아^{Terraria}〉 같은 게임도 있는

1　https://www.statista.com/statistics/680124/minecraft-unit-sales-worldwide/

반면 〈마인크래프트〉처럼 정해진 목표 없이 자유롭게 즐길 수 있는 게임도 있다. 〈테라리아〉의 경우에도 콘텐츠에 전투가 있는 것이지 그것이 주된 목적이 아니다. 퀘스트 수행을 목적으로 하는 과거의 게임과는 달리 자신의 아바타로 가상 세계를 탐험하고 필요한 아이템을 창작하는 경험이 중요해진다. 따라서 게임 내에서 창작의 도구가 될 수 있는 콘텐츠가 중요하다.

이처럼 과거의 서비스도 메타버스의 중요한 속성을 내포하고 있는 경우가 많다. **미래의 메타버스는 과거의 파편화돼 있던 이런 속성이 합쳐지며 더욱 구체화될 것**이다. 이러한 메타버스에 대한 기대에는 기술의 발전이 주요한 역할을 한다. 생각해보면 우리는 시기마다 열광하던 기술이 있었다. 지난 2010년대를 돌아보면 인공지능, 블록체인, 확장현실, 3D 프린터, 5G, 클라우드 등이 있었다. 이 기술의 일부는 그 열망에 발맞춰 산업계에 자리를 잡기도 했고, 또 일부는 큰 관심에 비해 아직 실제로 적용되고 있지는 못하고 있다. 하지만 최근의 메타버스라는 화두에 발맞춰 모든 기술이 다시금 재조명 받고 있다.

여기에 초연결시대에 지친 이들에게 부캐 문화가 생겨나고, 초개인화와 시스템의 세계관에 대한 중요성 증대 및 코로나19로 인한 언택트 문화가 더해짐으로써 메타버스로의 변화는 더욱 촉진되고 있다. 특히 기술발전에 비해 점진적으로 변하던 사회문화가 코로나19로 인해 급격히 변화하며 수많은 메타버스 관련 기술이 현장에 적용되고, 사람들도 적응해 나갔다. 이제 사람들은 새로운 기술 트렌드로 메타버스를 관심 있게 지켜보고 있다.

그림 2.3 Google Trend를 통해서 본 전 세계 'metarverse' 키워드의 검색량 추이

국가	관심도
대한민국	100
중국	28
싱가포르	9
홍콩	6
키프로스	5
포르투갈	4
필리핀	4
오스트레일리아	4
라트비아	4
캐나다	4

그림 2.4 Google Trend를 통해 본 국가별 메타버스 관심도. 숫자는 해당 국가의 전체 검색어 중 메타버스 검색어의 비중을 구한 뒤 제일 관심도가 높은 대한민국의 값이 100이 되도록 값을 조정한 것. 인구밀도가 높은 동양권 국가(대한민국, 중국, 싱가포르)에서 관심도가 높으며 서양권 국가의 관심도는 상대적으로 낮다. 다시 말해 메타버스 열풍은 전 세계적이라기보다는 국지적으로 나타나고 있다.

⠶ 메타버스의 사회문화 기반

초개인화시대와 세계관

사람들은 모두 각자가 세계의 중심이다. 남의 큰 병보다 내가 걸린 감기가 더 중요하다. 그러나 사회에서 개인은 수천만 명 중 하나의 사람일 뿐이다. 이런 개인에게 "다른 사람들과는 다른 오직 너만을 위한 무언가를 준비했어."라고 말하는 서비스가 있다면 시선이 간다. 이렇게 고객의 마음을 사로잡는 시스템이 바로 추천 시스템이다.

추천 시스템의 목적은 사람들이 관심 있어 할 만한 정보를 개인들이 직접 찾기 전에 보여주는 것이다. 인터넷이 나온 이래로 추천 시스템은 항상 관심을 받아왔는데, 회사 입장에서는 타깃이 되는 고객층을 찾고 이들에게 적합한 정보를 제공하는 식으로 업무를 진행해 왔다. 특히 마케팅을 할 때는 타깃을 정확하게 분류하고, 분류된 고객층에 따라 다른 콘텐츠를 제공했다. 오래된 편견과도 함께 하는 이러한 방법은 대개 인구역학적인 분류와 함께 시행되었는데 예를 들어 20대 여성에게는 핑크빛의 산뜻한 느낌을 주고, 60대 남성에게는 중후하고 멋스런 느낌을 더하는 식이다.

초개인화hyper-personalization 추천 시스템은 인구역학적인 방법을 넘어서 타깃층의 분류 수준을 개인으로까지 초세분화한다. 매일 같이 특정 사이트를 들어가는데 생일날은 당신을 위한 생일 축하 노래가 나오며, 당신에게만 특별 세일 상품을 보여주는 방식은 낮은 단계의 초개인화 서비스다. 이제는 개인이 입력한 정보를 활용하는 것을 넘어서 이제는 실시간으로 고객의 행동 패턴을 분석해 추천해주는 주는 방식이 가능해졌다. 인공지능 추천 기술의 발달로 진정한 의미의 초개인화가 가능해진 것이다.

진정한 의미의 **초개인화는 고객이 고민하지 않게 하는 것**이다. 옆에서 상대를 지켜보다가 상대방의 기분과 상황에 맞게 유동적으로 원하는 것을 앞에 가져다 준다면 얼마나 편할까? 우리는 오늘 어떤 뉴스를 볼까 검색하거나 고민하지 않고, 유튜브를 볼 때 어떤 영상을 볼까 고민하지 않는다. 사이트에 접속하면 가장 먼저 보이는 콘텐츠를 클릭하는데 그렇게 해도 대개는 실패하지 않는다. 만약 내가 오랜 시간 동안 관심있게 본 콘텐츠가 있다면 플랫폼은 이를 기억하고 있다가 나중에 관련된 콘텐츠를 더욱 많이 보여주는 것이다. 초개인화된 추천은 이렇게 고객의 행동 데이터를 바탕으로 고객 경험을 최적화시키는 것으로 과거의 나이, 성별, 지역, 종교, 직업으로 예측하는 것이 아니다.

흔한 오해가 추천 시스템은 당사자에게 가장 적합한 서비스만을 추천한다는 것이다. 만약 그렇다면 서비스를 계속 이용하다 보면 결국 똑같은 콘텐츠만 계속 추천받게 되는데, 보통 사람의 취향은 잘 변하지 않기 때문이다. 하지만 좋은 추천 시스템이라면 코카콜라를 좋아하는 사람에게 항상 코카콜라만을 권하지는 않을 것이다. 대신 다른 탄산음료도 권해보고 스파클링 워터도 권해보며 고객의 취향이 어디까지인지 살필 것이다. 추천 시스템을 평가할 때는 사용자 선호도preference 뿐만 아니라 사용자 취향을 어디까지 커버하는지coverage, 가끔은 사용자가 좋아할 거라고 기대하지 않는 의외의 상품을 추천하는지serendipity, 또 얼마나 인기 있거나 popularity 개성이 있는novelty 콘텐츠를 추천하는지 등을 점수로 매겨 비교한다. 그런 알고리즘을 거쳐 이용자의 눈앞에 뜨는 화면이 수십억 개의 유튜브 영상 중 하나인 것이다.

유튜브도 기존에 있는 콘텐츠를 추천하지 자체적으로 새로운 콘텐츠를 생산하지는 않는다. 사실 초개인화 시스템을 회사가 독자적으로 구축하기는 매우 어렵다. 회사가 고객의 수많은 취향을 모두 파악해 대응하기는 불가능에 가깝기 때문이다. 따라서 이들은 고객인 사용자가 콘텐츠 생성자(크리에이터)가 되어주길 기대한다. 초개인화된 시스템에서 크리에이터는 앨빈 토플러Alvin Toffler가 말한 **프로슈머**prosumer(생산과 소비를 동시에 하는 사람)인 셈이다.

플랫폼이 자체적으로 콘텐츠를 만드는 것이 아니라 사용자들이 **자발적으로 콘텐츠를 만들고 소비하는 것이 바로 '커뮤니티'**다. 많은 콘텐츠 플랫폼은 자체 커뮤니티를 꾸리기 위해 노력하고 있으며, 구성된 커뮤니티는 플랫폼의 콘텐츠 공급원이 된다. 사용자가 많아지면 크리에이터도 증가하게 되고 크리에이터끼리 경쟁하며 콘텐츠의 질은 상승하는 선순환 구조가 만들어진다. 이를 위해 플랫폼은 크리에이터를 위해 어느 정도 수익을 공유한다. 가장 성공한 커뮤니티 중 하나인 유튜브에서는 1분에 500개의 영상이 올라오며, 로블록스에서 게임을 개발한 인원은 200만 명을 넘는다고 한다. 메타버스 세계는 높은 자유도 덕분에 다양한 디지털 콘텐츠가 만들어질 수 있을 것이다.

한편 사용자가 직접 생산한 콘텐츠는 더 진실된 것으로 받아들여진다. UGCUser-Generated Contents는 사용자가 직접 생산하는 콘텐츠를 의미한다. 마케팅 업계에서는 고객이 제품을 구매한 후 자발적으로 생산하는 텍스트, 사진, 영상 콘텐츠를 의미하는데 블로그나 인스타그램, 유튜브에 남기는 리뷰가 이에 해당한다. 사람들은 제품을 구매할 때 회사의 광고자료보다는 실제로 제품을 사용했던 다른 사람의 리뷰에 관심을 두는데, 회사와 이해관계가 없는 이들의 이야기가 더욱 진실에 가까울 것으로 생각하기 때문이다. UGC는 커머스와 소셜미디어가 깊은 관계가 있으며, 이에 소셜 커머스인 그루폰, 쿠팡 같은 업체가 생겨나기 시작했다. UGC는 사용자가 생산한 콘텐츠의 가치를 보여주는 단적인 사례다.

한편 다수의 사람들에 의해 수많은 디지털 콘텐츠가 만들어지고 소비된다는 것은 더 이상 하나의 독점적인 서비스가 나오기 쉽지 않다는 뜻과도 같다. 잘 생각해보면 2010년 이전에는 국민송이라는 개념이 있었다. 그 시절 음악방송에서 1위를 한 노래는 길거리에서 흔하게 들을 수 있었고, 설령 제목을 모른다고 하더라도 그 시절의 대표곡은 지금 듣더라도 흥얼거릴 수 있을 정도로 익숙하다. 그러나 이제 국민송이라는 개념은 많이 약해졌다. 공중파 TV를 보기보다는 유튜브 같은 매체를 통해 좋아하는 노래를 찾아 듣기 때문이다. 초개인화된 추천 시스템은 그런 사용자에게 유사한 스타일의 노래를 계속 추천해준다. 그러다 보니 사람들은 플랫폼에 의해 규정된 어떤 틀 속의 노래만 듣게 된다. 이제 국민송이 아니라 각 틀속의 명곡들이 생기게 되고 사람들은 각각 저마다의 명곡을 듣는다. 내 스마트폰에서는 하루에도 몇 번씩 보이는 노래가 바로 옆 사람은 알지도 못하는 경우가 허다하다. **이 틀이 나의 취향이자 나의 세계관**인 것이다.

최근 기업의 지속가능성을 평가하기 위해 재무제표 같은 재무적 요소외의 환경 및 사회에 대한 영향력 및 기업의 지배구조ESG: Environment, Social,

Governance를 고려하는 움직임이 커지고 있다. 기업의 현재 가치뿐만 아니라 그들이 갖고 있는 가치관과 사회적 영향력이 기업의 지속가능성에 큰 영향을 미친다는 것을 보아왔기 때문이다. 예를 들어 한국에서 아무리 잘나가는 회사라도 전범 기업이 모태인 사실이 밝혀지면 가차없이 외면당한다. 가치관과 사회적 영향력이라는 요소는 메타버스 세계 안에서도 중요한 요소가 될 것이다. 메타버스를 구성할 때 내세우는 가치관, 즉 **세계관은 사용자를 묶어 두기 위한 가장 중요한 요소다.**

스타워즈 같은 영화뿐만 아니라 〈스타크래프트〉나 〈디아블로〉 같은 게임은 그 자체로 완결성 있는 세계관을 보여준다. 이러한 세계관은 단지 하나의 영화와 게임 안에서 소비되는 것으로 끝나는 게 아니라 끊임없이 재생산된다. 이들을 다른 상품으로 만들거나 새로운 소설의 내용으로 구성하기도 한다. 메타버스의 세계 역시 완결성 있는 세계관을 갖추는 게 중요하다. 사람들은 메타버스 세계를 자유롭게 옮겨 다닐 수 있기 때문에 자신의 세계관과 일치하는 세계에서만 더욱 오래 머물 것이다.

국내의 예술작품 크라우드 펀딩crowd funding 사이트인 텀블벅tumblbug.com에 가보면 다양한 예술 작품과 관련 상품이 판매되고 있다. 작가는 작품 사진만 올려두는 것이 아니라 해당 작품의 의미를 자신만의 세계관 속 스토리로 풀어나간다. 마찬가지로 사람들은 작가의 작품만 사는 것이 아니라 작품의 세계관을 설명하는 다양한 관련 상품도 함께 구입하는 것이다. 조금 과장해 이야기하면 이들은 **작품을 구매하는 것이 아니라 세계관을 구매하는 것**이다.

방탄소년단은 노래 가사와 뮤직비디오를 통해 그들만의 세계관을 만들었다. 그들은 자신들의 콘텐츠 속에 청소년들이 공감할 수 있는 메시지를 담아 전달했고, 그들의 활동을 통해 대서사시를 이어나가고 있다. BTS universe^{BU}라고 불리는 이 세계관은 수년에 걸쳐 만들어지고 있다. 때로는 불안한 청춘에 대한 이야기를 하기도 하고, 때로는 청소년들의 꿈과 사랑이야기를 하면서 인종과 국적에 관계없이 전 세계적인 공감을 얻고 있다. 이러한 경향에 발맞춰 넷마블^{Netmarble}에서는 BTS Universe Story라는 앱을 통해 손쉽게 BTS를 주인공으로 하는 스토리 제작이 가능한 툴을 제공하고 있다. 이 앱은 100만 회 이상 다운로드됐으며 여기서 생겨난 스토리가 또 다른 스토리를 재생산하는 선순환 구조를 갖고 있다.

특정 세계관을 기반으로 형성된 메타버스 속 구성원들은 다양한 활동을 통해 새로운 사회를 접한다. 대규모 사용자가 접속해 게임 플레이를 펼치는 MMORPG에서는 사회형성에 대한 재미있는 사례가 있다. 2004년 〈리니지2〉에는 여러 서버가 있었는데, 그중 가장 대표적인 서버 이름이 바츠 서버였다. 바츠 서버에서 가장 강력한 힘을 지닌 길드(게임 내에서 캐릭터가 모여 만든 사회 조직)가 부당하게 다른 이용자의 사용을 제재하고 세금을 부과하자 다른 서버의 이용자가 이 폭거에 대항한 연합전선을 만들어 해방 전쟁을 일으킨 것이다. '바츠 해방전쟁'이라 이름 붙인 이 사건은 여러 서버에서 모인 연합군이 해방전쟁에서 승리했지만 결국에는 분열하게 되는데, 전쟁의 전개는 마치 프랑스 혁명을 생각나게 했으며, 각 길드 사이의 외교관계는 실제 국제정치와 유사한 형태를 보여줬다. 이 전쟁에서 이용자들이 보여준 모습은 **디지털 세계의 사회가 현실 세계의 사회에 비해 무게감이 덜하지 않다는 것**이었다.

메타버스 세계 내에서 자유롭게 이동할 수 있다는 점은 어느 한 곳에 오래 머무르지 않는다는 뜻과도 같다. 당연히 자신과 가장 가치관이 맞는 곳에서 가장 오래 머물 것이다. 초개인화시대가 되면서 이러한 가치관 역시 파편화되는 동시에 각각의 커뮤니티를 형성하고 있다. 시공간의 제약이 있는 현실과는 달리 사용자는 자신의 신념과 일치하는 다양한 커뮤니티에서 활동하게 될 것이다. 자연스럽게 나의 특정 부분만을 공유하는 부캐 문화가 활발해질 것을 예상할 수 있다.

초연결시대와 부캐

초연결시대가 도래했다고 하지만 잘 실감이 나지 않을 수 있다. 그런데 가만히 생각해보면 저녁에 친구와 만나 이야기할 때 오늘 인터넷에서 본 걸 얘기하면 친구가 바로 알고 맞장구치는 경우가 자주 있지 않았는가? 인상 깊게 본 뉴스나 재미있는 글귀, 인터넷 기사 중에서 잘 눈에 띄지도 않는 곳에 있는 글이 우연히 보여서 읽었는데 이걸 이야기하면 친구는 어디서 알고 왔는지는 몰라도 비슷한 글을 보고 왔는지 이에 대해 대화가 가능하다.

플랫폼은 사람들이 더 많은 시간을 이곳에서 머물게 하기 위해 사용자를 유혹한다. 사람들이 관심을 보인 콘텐츠는 더 많이 노출되고, 그렇지 않은 콘텐츠는 더 적게 노출된다. 우리나라 사람들이 대부분 이용하는 네이버나 카카오 같은 **대형 플랫폼이 선택한 콘텐츠는 그날 전국민이 다 아는 이슈거리**가 되는 것이다.

비단 뉴스뿐만이 아니다. SNS에서는 많은 정보가 실시간으로 공유된다. 트위터는 글자수를 140자로 제한해 한 눈에 정보를 파악하고 쉽게 공유할 수 있는 데 특화돼 있으며, 인스타그램은 이미지로, 유튜브와 틱톡은 영상을 매개로 공유한다. 이렇게 게시물을 작성하는 플랫폼뿐만 아니라 카카오톡 같은 메신저를 통해서도 정보가 빠르게 확산된다.

다양한 네트워크를 구성하고 있는 사람들 사이에서 정보가 어떻게 퍼져나가는지를 연구하는 네트워크 이론이라는 분야가 있다. 초기의 네트워크 이론은 정보는 마치 전염병이 퍼져나가는 것처럼 접촉을 통해 퍼져나간다고 생각했다. 이후에는 모든 접촉이 같은 의미를 가지는 게 아니기 때

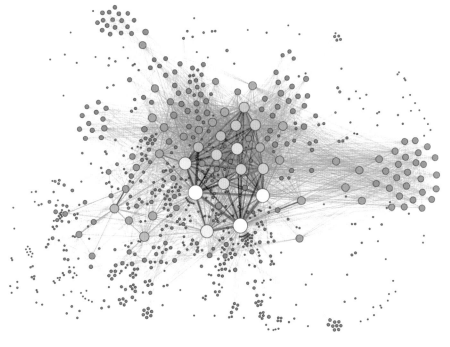

그림 2.5 초연결 네트워크

문에 이에 대한 가중치를 두기도 하고, 한 번이 아닌 여러 번의 접촉을 통해서만 정보가 퍼져나간다는 개념을 도입하는 등 고도화되고 있다. 그러나 어떤 경우에서든지 정보는 주변인을 통해 확산된다는 점은 동일했다.

소셜미디어에서 각 계정의 관계를 이어보면 유난히 많은 관계를 맺고 있는 허브 계정이 있다. 이들은 정보의 확산에 주요한 기능을 하며 주변인들에게 많은 영향을 미치기 때문에 인플루언서influencer라고 불린다. 인플루언서는 자신들의 영향력을 이용해 사람들에게 유용한 정보를 제공한다. 초연결시대의 정보 확산의 핵심이 인플루언서라는 사실을 알고 마케팅 업계에서는 이들을 활용해 자사의 제품을 알리는 인플루언서 마케팅을 하기 시작했다.

마케팅은 안 좋은 제품을 좋게 포장해서 파는 것이 아니라 좋은 제품이 고객들에게 더 잘 전달될 수 있도록 돕기 위해 필요하다. 그러나 이러한 마케팅 정신에 부합하지 않는 인플루언서가 양산되며 신뢰할 수 없는 정보가 많이 생겨나기 시작했다. 인플루언서라는 개인 또는 집단에 지나치게 의존하다 보니 검증되지 않은 정보도 생성되고 공유되기 시작했다. 여기에 너무나도 많은 정보가 쏟아져 나와 사람들이 정작 어떠한 정보도 받아들이기 힘든 시대가 됐다. **정보의 양이 아니라 정보의 가치가 중요**해진 것이다.

SNS가 나온 지 어언 20년이 다 돼간다. 그 시간에 비례해 SNS에 대한 불편함도 쌓여왔다. SNS의 지나친 확산으로 인한 실제 인간관계의 단절, 허위 정보로 인한 손해, 사생활 노출과 검열은 많은 사람을 SNS에서 떠나게 만들었다. 대중들은 내가 어떤 글을 읽었는지, 어떤 글에 '좋아요'를 눌

렀는지 살피고, 또 그 점을 빌미로 공격하기도 한다. 초연결시대는 간섭과 불편함의 시대도 동시에 열었다. 한편에서는 익명 SNS를 사용하기 시작했다. 메시지를 암호화해 대화가 자동으로 삭제되는 텔레그램^{Telegram}, 익명으로 기업의 직원들이 글을 작성할 수 있는 블라인드^{Blind}나 대학생 전용 애플리케이션인 에브리타임^{Everytime}이 대표적이다. 익명 SNS의 단점은 소통이 일회적이라는 단점이 있다. 익명이다 보니 언제 누구와 소통했는지 특정할 수 없기 때문이다.

이러한 초연결사회의 불편함과 콘텐츠 다양화로 인한 세계관의 중요성이 더해지며 자신의 일부만을 드러내는 부캐 문화가 유행하기 시작했다. 부캐는 부캐릭터의 줄임말로 게임 내에서 주력으로 사용하는 캐릭터 외의 캐릭터를 의미한다. 이 단어가 게임이 아닌 사회에서 통용되면서 개인이 가진 기존의 사회적 위치와는 다른 자아를 의미하게 됐다. 부캐를 통해서 지금까지 자신과는 다른, 개인의 여러 캐릭터 중 특정 부분만을 공개하는 것이다. 연예인 유재석이 기존의 MC를 벗어나 트로트 가수로 데뷔한 것이나 유명 연예인이 자신의 취미를 바탕으로 유튜브 크리에이터가 되는 것도 부캐를 키우는 활동으로 볼 수 있다.

현실 속의 자신을 본캐로 본다면 메타버스 속 내 아바타는 부캐다. 아바타는 내가 만드는 것이지만 꼭 나와 같을 필요는 없다. 현실에서는 학생이라도 내 부캐는 직장인이 될 수 있고, 현실에서는 경영자라도 부캐는 직원이 될 수도 있다. 현실에서 경험하지 못하는 부분이나 숨기고 싶은 모습을 부캐를 통해 익명으로 드러낼 수 있는 것이다. 과거에 인터넷 사이트에 회원가입을 하기 위해서는 항상 주민등록번호를 입력했지만, 요즈음에는 개인정보보호를 이유로 이메일을 통해 간단히 가입할 수도 있고 페이스북, 네이버, 카카오를 이용한 소셜 로그인도 가능하다. 회원가입의 문턱이 많이 낮아졌으며, 서비스를 이용하기 위해 굳이 개인정보를 밝히지 않아도 된다. 이는 한편으로는 인구역학적인 개인정보보다 개인의 행동이 더 많은 정보를 주기 때문에 굳이 인구역학적인 정보를 획득할 필요가 없기 때문이다. 회원가입의 문턱이 낮아진 덕분에 한 사람이 여러 계정을 만들어 활동을 하는 경우도 늘어나며, 이 역시 부캐 문화의 일환으로 볼 수 있다.

현실에서는 내 모습을 온전히 드러내기 힘든 경우가 많다. 시공간의 제약이 있을 뿐만 아니라 사회적인 관계가 있기 때문이다. 그러나 디지털 세계에서는 내 모든 것이 아닌 그 상황에 맞는 일부의 모습만 드러내는 경우가 가능하다. 게임을 할 때 같이 플레이하는 사람이 몇 살인지, 성별이 무엇인지는 중요하지 않다. 게임을 재미있게 같이 할 수 있으면 되기 때문이다. 게임할 때 중요한 것은 사회적 위치가 아니라 게임 실력이다. 따라서 게임 세계 내에서 나는 개인정보 중 일부분만을 공개하고 원하는 소셜 관계를 맺을 수 있다. 한 게임의 친목 모임에 나갔더니 중학생부터 50대 아저씨까지 있어 놀랐다는 이야기는 유명하다. 이 세계에서는 50대 아저씨도 게임을 못하면 중학생 아바타를 따라다니며 배워야 하는 것이다.

메타버스 속 부캐의 모습은 현실 속 사람들의 모습보다 훨씬 더 파편화돼 있을 것이다. 부캐는 자신의 전체를 보여주는 것이 아니라 일부를 가리고, **현실에서 내가 가진 부분 중 특정한 부분**만을 보여주기 때문이다. 특히 익명성이 극단적으로 강조될 경우 부캐들이 모인 세상은 인간의 더욱 난폭한

면을 부각시킬 수 있다. 최근에 사람의 말동무가 되어주기 위해 출시된 인공지능 챗봇 '이루다' 서비스는 데이터에 대한 윤리적인 문제와 더불어 언제나 서비스를 어뷰징^{abusing}2하는 사람이 있음을 여실히 보여준다. 따라서 부캐의 자유로움이라는 장점을 살리는 대신 어뷰징 문제를 막기 위한 CCTV 같은 감시 시스템 역시 필요하게 될 것이다.

취미 커뮤니티도 늘고 있다. 독서를 기반으로 하는 모임 트레바리^{trevari.co.kr}도 큰 관심을 받았고, 여가 액티비티를 기반으로 하는 모임 프립^{www.frip.co.kr} 역시 많은 인기를 끌고 있다. 사람이 모이면 사회가 형성된다. 메타버스 세계는 부캐의 모임이 될 것이다. 자유도가 높은 메타버스 세계일수록 더욱 다양한 부캐가 나타나며, 이로 인해 지금껏 보지 못했던 수많은 사회 시스템이 만들어질 것이다. 실제로 대규모 인원이 들어와 플레이하는 MMORPG의 경우 길드 시스템이 잘 자리 잡고 있다. 이들은 동시간에 접속해 특정 임무를 수행하기도 하며, 현실에서도 만나 친분을 나누기도 하거나 연합해 자신의 의사를 표출하기도 한다.

게임에 현금을 사용하는 것을 '현질'이라고 표현하는데, 과거에는 무슨 게임에 돈을 쓰냐고 했지만 지금 그 돈이 모여 만들어진 회사가 엔씨소프트^{NCSOFT}이고 넥슨^{NEXON}이고 넷마블이다. 현실에서 나는 보통의 사람이더라도 게임 속에서는 돈을 쓰면 그 세계에서만큼은 돋보일 수 있기 때문이다. 현실에서 좋은 옷을 입고 좋은 차를 타고 싶은 마음이 메타버스 세

---

2   오용, 남용, 폐해 등의 뜻을 가진 용어로, 인터넷 포털 사이트에서 언론사가 의도적으로 검색을 통한 클릭 수를 늘리기 위해 동일한 제목의 기사를 지속적으로 전송하거나 인기 검색어를 올리기 위해 클릭 수를 조작하는 것 등이 이에 해당된다. - 네이버 지식백과(한경 경제용어사전)

계 내의 캐릭터에도 반영되고 있다는 의미다. 현질은 현실에서보다 훨씬 적은 돈을 쓰고도 그 세계에서는 대우받을 수 있는 수단이다. 단순히 성능이 좋은 아이템을 얻기 위해서만 돈을 쓰는 것이 아니다. 더 멋진 의상을 입기 위해서나 새로운 이모티콘을 쓰기 위해서도 돈을 쓰고 있다. 실제로 메타버스의 구현체 중 하나인 제페토에서는 자신의 아바타를 꾸미기 위한 아이템을 구매하는 이들이 많다.

메타버스 속에서 부캐 사회가 형성되면서 자연스레 경제 시스템도 형성되게 된다. 부캐는 메타버스 내에서 활동하며 그곳에서 만들어진 콘텐츠 아이템을 소비한다. 로블록스나 제페토 같은 메타버스를 구현하려는 회사들이 블록체인을 통해 자체 화폐를 발행하고 관리하는 것은 자연스러운 현상이다. 과거와 다른 점은 플랫폼이 일방적으로 콘텐츠를 공급하는 것에서 벗어나 사용자에 의해 자체적으로 생산과 소비가 일어날 수 있는 구조를 만들고 있다는 점이다. 이는 마치 현실의 사용자, 노동자, 소비자의 구조를 그대로 반영하고 있는 듯하다. **메타버스는 말 그대로 또 하나의 현실사회**인 셈이다.

디지털 휴먼의 등장

디지털 휴먼이란 디지털 세계 속에서 사람의 역할을 하는 개체다. 게임 캐릭터나 SNS의 아바타 그리고 쇼핑몰의 자동상담 챗봇도 디지털 휴먼으로 볼 수 있다. 그러나 최근의 디지털 휴먼에 대한 관심은 디지털 휴먼을 현실 속 인간처럼 시각화할 수 있다는 점에 있다. 최근 그래픽 기술의 발달

로 실제와 분간할 수 없을 정도의 퀼리티로 그 형상과 움직임을 만들 수
있게 됨으로써 디지털 휴먼은 디지털 세계 속에서 현실의 인간과 같은 역
할을 수행하며 우리 삶에 더욱 가까이 다가왔다. 과거에도 디지털 휴먼에
대한 니즈는 있었지만 이들을 제작하는 데 드는 비용이 만만치 않았다. 그
러나 이미지를 다루는 컴퓨터 비전 인공지능은 얼굴의 형태를 자연스럽게
다른 얼굴로 바꿀 수 있을뿐더러 움직임까지도 자연스럽게 모사할 수
있다. 거기에 게임 내에 물리법칙을 적용하기 위해 사용하는 물리엔진이

그림 2.6 디지털 휴먼의 예시[3]

---

3 이승환, 한상열, 「메타버스 비긴즈(BEGINS): 5대 이슈와 전망」, 소프트웨어정책연구소, 2021년

더욱 정교화되고 사용하기 쉽게 대중화됨으로써 디지털 휴먼 역시 급격히 늘어나고 있다. 이들은 수 시간 만에 극사실적인 디지털 휴먼을 만들어 낼 수 있다.

디지털 휴먼의 등장은 자연스럽게 버추얼 인플루언서^{virtual influencer}로 이어졌다. 미국의 스타트업 브러드^{Brud}의 릴 미켈라^{Lil Miquela}와 일본의 스타트업 기업인 AWW의 이마^{IMMA}는 컴퓨터 그래픽으로 만들어진 디지털 휴먼이다. 이들은 여느 인스타그램 사용자처럼 차를 마시는 모습이나 새로운 옷을 입은 모습, 친구와 함께 찍은 사진을 올리기도 한다. 이들은 실제 인물이 아니기에 모두 그래픽 작업을 통해서 나온 결과물이지만 실제 인물과 함께 사진을 찍기도 하고 핫플레이스를 배경으로 사진을 찍기도 한다. 사진만 봐서는 이들이 가상으로 만들어졌다는 사실을 눈치채기는 쉽지 않다.

놀라운 사실은 사람들이 이들을 하나의 인플루언서로 인정하고 열광한다는 점이다. SNS에는 회사에서 기획한 세계관에 맞게 이들의 일상이 공개되는데, 사람들은 그들의 건강을 걱정해 주기도 하고 일상에 공감해 주기도 한다. 릴 미켈라와 이마의 인스타그램 팔로어 수는 각각 300만과 33만을 넘어 사회적으로 영향력이 큰 인플루언서의 범위에 들어간다. 이들은 프라다, 캘빈클라인, 삼성 갤럭시, 이케아, 포르쉐 같은 유명 브랜드의 버추얼 인플루언서와 협업해 각 회사의 상품을 알리고 있다. 국내에서도 롯데홈쇼핑의 루시나 스마일게이트의 한유아 같은 버추얼 인플루언서들이 활동하고 있으며, 해외의 성공사례를 따라가고 있다.

태어나면서부터 모바일이 대중화된 세대를 살아가는 Z세대(약 1998~2010년생)는 모바일 네이티브mobile native로 불린다. 모바일에 매우 친숙한 이들에게 현실과 디지털 속의 가상 세계의 구분은 모호하다. 오히려 많은 제약이 있는 현실보다 자유로운 디지털 세계에 더 열광한다. 따라서 메타버스 특히 디지털 휴먼이 Z세대를 중심으로 확장세를 보이는 현상은 자연스럽다.

엔터테인먼트는 디지털 휴먼이 활약하는 또 다른 시장이다. 디지털 휴먼으로 구성된 아이돌은 체력이나 노화 같은 문제도 없을뿐더러 각종 구설수에서도 자유롭다. 디지털 휴먼을 활용하면 엔터테인먼트 기획사가 원하는 모습, 목소리, 행동을 그대로 보여줄 수 있으면서도 연습생을 키우는 경우보다 훨씬 시간과 비용이 적게 든다. 이들은 단순히 그들의 일상을 인스타그램에 공유하는 데 그치지 않는다. 인공지능은 디지털 휴먼을 제작하는 것뿐만 아니라 이들이 실시간으로 다른 사람들과 소통하는 것도 가능하게 만들었는데 웹상의 텍스트를 학습해 말을 하고, 실제 음성으로 노래하고 대화하며 그림 실력을 뽐내기도 한다. 2021년 이후 디지털 휴먼 아이돌 또는 디지털 휴먼과 실제 인간이 하나의 팀이 된 아이돌(그림 2.7)이 등장하고 있다.

그림 2.7 실제 멤버 4명과 가상 아바타 4명이 활동하는 걸그룹 에스파(aespa)

앞으로 디지털 휴먼은 우리 삶 더욱 깊숙한 곳까지 파고 들 것이다. 이들은 디지털 세계에서 상품을 설명하는 직원이 될 수도 있고, 나를 가르치는 개인교사가 되기도 했다가 쇼핑을 함께하는 친구나 나와 기억을 공유하는 오랜 친구도 될 수 있다. 2021년의 스켈터랩스^{Skelter Labs}의 챗봇 이루다는 인공지능이 인간과 감정을 교류할 수 있을 정도의 언어구사 능력을 가질 수 있음 보여줬다. 특히 어릴 때부터 디지털 휴먼을 보고 디지털 스피커와 얘기하며 자라는 **2010년 이후의 세대는 디지털 휴먼을 더욱 적극적으로 받아들일 것**으로 예상된다.

제페토에서는 디지털 휴먼 기술을 통해 자신의 모습과 닮은 아바타를 만들고, 이를 꾸밀 수 있는 기능을 제공한다. 아바타 꾸미기는 현실에서 가질 수 없는 자신의 모습을 디지털 세계에서 표현하는 하나의 방법이다. 하나의 사람이 다양한 부캐를 가지게 되면서 다양한 아바타를 만들게 될 것이다. 자유로운 디지털 세계의 특성상 아바타가 꼭 사람의 모습이 아닐 수도 있을 것이다. 아바타가 다채로워지고 많아지는 만큼 앞으로 메시지는 실제 사람이 전달한 것인지 아닌지의 여부보다는 얼마나 나와 비슷한 가치관을 가진 것인지에 따라 수용여부가 결정될 것이다.

심리학에는 불쾌한 골짜기^{uncanny valley}라고 불리는 현상이 있다. 로봇이 사람과 아주 닮으면 호감을 느끼지만, 애매하게 닮아 있으면 호감도가 급격히 줄어드는 수준의 불쾌한 골짜기가 있다는 과학적 논리다. 기술은 이미 이 골짜기를 넘은 것 같다. 이제 중요한 것은 기술이 아닌 사회의 **새로운 구성원인 디지털 휴먼을 받아들일 준비**를 하는 것이다. 현실에서 한 인간이 주변에 미치는 영향보다 시공간을 뛰어 넘을 수 있는 디지털 세계에서 디지털 휴먼이 주변에 미치는 영향은 더욱 크다. 그러나 익명의 디지털 휴먼이 던지는 메시지의 무게는 누가 책임질 것인가?

디지털 세계가 현실에 미치는 영향에 대한 한 예로 게임의 폭력성이 현실의 폭력성으로 이어질까에 대한 논의가 있었다. 아직 확실하게 나온 답은 없지만 연구에 따르면 특정 게임은 폭력성을 증가시킬 수도 있고 또 특정 게임은 폭력성을 감소시킬 수도 있다고 한다.[4] 이러한 결과는 디지털

---

4   출처: 패트릭 M. 마키, 크리스토퍼 J. 퍼거슨, 『모럴컴뱃』, 스타비즈, 2021 / Mengyun Yao, Yuhong Zhou, Jiayu Li and Xuemei Gao, "Violent video games exposure and aggression: The role of moral disengagement, anger, hostility, and disinhibition", 『Aggressive Behavior』, Vol. 45, Issue 6, 2019

세계의 경험이 현실 세계에 영향을 줄 수 있음을 암시한다. 디지털 휴먼의 영향력은 디지털 세계에만 있는 게 아니다. 디지털 세계에서 아바타라는 가면을 쓰고 했던 행동과 해당 집단의 영향력이 충분히 현실에서도 발현될 수 있는 것이다.

최근에 있었던 이루다 사태는 디지털 휴먼과 현실 세계의 상호작용의 부정적 모습을 잘 보여준다. 이루다 챗봇은 사용자와의 대화에서 혐오와 차별에 대한 발언을 해서 물의를 일으켰고, 이루다를 만든 스켈터랩스는 사과하고 서비스를 철회했다. 이루다 자체는 의무와 권리가 없기에 서비스를 운영하는 회사가 책임을 진 것이다. 사람이 실수할 수 있듯이 기계도 실수할 수 있다. 이때는 누가 책임져야 할까? **디지털 휴먼이 대중화되기 전에 이들에게 부과할 윤리와 법을 준비하는 것** 역시 중요한 일이다.

언택트 사회

코로나19를 기점으로 언택트 사회로의 변화는 가속화되고 있다. 이미 온라인 쇼핑이나 배달 앱 같은 비대면 문화가 일부에서는 주류로 자리잡고 있었지만, 이제는 그 영향력이 경제, 사회, 문화로 더욱 광범위하게 퍼지고 있다. 언택트 사회로의 전환은 디지털 세계에서의 콘택트 빈도를 증가시켰다. 언택트 사회로의 전환은 다시 말해 디지털 사회로의 전환인 셈이다.

코로나19로 인해 일부 대학에서는 입학식과 졸업식을 온라인으로 진행했으며, 초중고 교육기관 역시 온라인 수업으로 전면 전환했다. 온라인 설명회와 신규 인원을 채용하기 위한 화상 면접과 AI 면접 역시 낯설지 않다. 각종 회의와 학술회의 역시 온라인으로 개최됐다. 재택근무에 대해서는 우려했던 것보다는 훨씬 괜찮았다는 평이 많다. 회사 입장에서는 참여도에 대한 우려도가 있었지만 오히려 디지털 기기를 이용해 지속적으로 참여 여부를 측정하는 게 가능하고, 직원 입장에서도 결과물로만 검증받으면 됐기에 회식이나 불필요한 회의 과정이 줄었다는 의견이 많다. 특히 디지털 서비스를 하는 직종을 중심으로 재택근무를 위한 협업 툴이 퍼지기 시작하며, 코로나19가 끝이 나더라도 재택근무가 일상화될 것이라는 예상도 가능할 정도다.

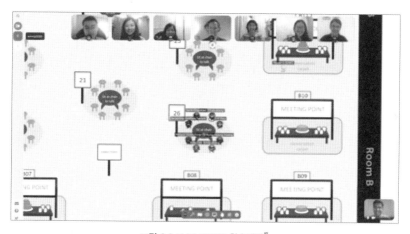

그림 2.8 EMNLP2020 학술대회[5]

5   출처: https://twitter.com/VioletNPeng/status/1329121355153907718/photo/2

직접 관람이 중요했던 예술 분야의 언택트 사회로의 변화는 더욱 극적이다. 국립현대미술관은 최초로 온라인 전시를 개최했다. 세계보건기구 WHO는 자선콘서트 '원 월드: 투게더 앳 홈one world: together at home'을 온라인으로 생중계했고, 가수 나훈아도 2021년 설날을 맞이해 TV를 통해 언택트 콘서트를 개최했다. 일부에서는 〈포트나이트〉, 제페토 같은 가상 세계에서 콘서트를 열고 팬 사인회를 열기도 했는데 여기에 수천만 명의 팬들이 몰려들었다. 시공간의 제약이 없는 디지털 세계의 특성상 수천만 명이 그것도 쾌적한 환경에서 자신을 위한 무대를 즐길 수 있었다.

정책도 언택트 사회를 지향하고 있다. 비대면 사업을 하는 스타트업 기업에 가산점을 주거나 이들만을 위한 지원사업도 생겼으며, 비대면 바우처 사업의 지원규모도 수천 개 회사에서 수만 개 회사로 급증했다. 그 결과 짧은 시간 안에 수많은 비대면 서비스가 공급되며 경제 시스템이 돌아갈 수 있게 됐다. 이를 확장해 정부는 한국형 뉴딜 2.0을 발표하며 디지털 융복합 가속화에 대비한 신산업분야를 집중적으로 발굴하고 육성하겠다는 계획을 발표하며 메타버스에 주목해야 한다고 밝혔다.

기업들도 앞다퉈 언택트 서비스를 내놓고 있다. 헬스클럽의 개인코치들은 스마트폰을 통해 고객의 자세를 보고 교정해 준다. 인공지능은 고객의 관절 움직임을 실시간으로 추적하고, 이 정보는 지속적으로 쌓여 이들의 운동성과를 측정해 이에 맞는 운동량을 결정한다. 뿐만 아니라 운동 강도에 따라 적합한 식재료나 영양제를 추천하며 종합 건강관리 서비스를 제공할 수도 있게 됐다.

주식 붐이 일어나 비대면 계좌개설이 급증했고 온라인 투자 커뮤니티도 활성화됐다. 유튜브에는 주식정보를 제공하는 크리에이터의 수도 늘어났으며, 특히 20~30대 신규 투자자의 해외투자가 급증했다. 최근의 메타버스에 대한 높은 관심도 일면에는 메타버스 관련 주에 대한 관심으로부터 일어난 것으로 보인다.

데이팅 앱 역시 대중화됐다. 과거 데이팅 앱은 현실에서 적응하지 못한 사람들이나 불순한 목적으로 사용하는 사람들이 대부분일 것으로 생각했다. 그러나 언택트 시대가 들어서고 초연결시대에 주변인들의 관심에 대한 불편함으로 데이팅 앱을 사용량이 급증하기 시작했다. 서로 관심이 있는 대상끼리 매칭이 된다면 일정한 금액을 지불하고 직접 연락처를 공유할 수 있으며, 경우에 따라 현실에서 만나기도 한다. 주로 이성과 매칭하는 플랫폼에서 시작해 비즈니스 매칭이나 동네친구 매칭 같은 컨셉으로 확장되고 있다.

코로나19로 인해 음식점과 주점은 거리두기 단계에 따른 집합금지와 늦은 밤 영업금지 정책으로 경제적 손실을 보고 있다. 손실을 만회하기 위해 자영업자들은 실제 매장 영업보다는 배달 서비스를 더 활용하기 시작했는데, 이렇게 함으로써 정책에 위배되지 않으면서도 영업을 할 수 있게 됐다. 배달 문화가 정착되면서 매장을 통행이 많은 주요도로가 아닌 조금 떨어진 안쪽 도로에 만든 다음 배달만을 위한 장소로 운영하는 경우도 많아졌다.

라이브 쇼핑은 댓글로 사람들이 얘기하고 화면을 통해 상품 설명을 해준다. 사람들은 직접 오프라인 매장을 방문하지 않아도 실시간으로 설명을 듣고 궁금한 점도 물어보며 물건을 구매할 수 있게 됐다. 수백 개의 라이브 쇼핑 호스트 중 인기 호스트가 되기 위해서는 단순히 상품을 소개하는 수준을 뛰어넘어 고객의 마음을 얻어야 한다. 그 결과 라이브 쇼핑에 다양한 엔터테인먼트 요소가 결합되고 있다. 라이브 쇼핑과 유튜브, 아프리카 TV의 경계는 점차 더 희미해질 것이다.

앞서 열거한 사례 외에도 무수히 많은 언택트 사회로의 변화가 감지되고 있다. 집에서 나오지 않고 한달 동안 사는 게 어렵지 않은 사회가 된 것이다. 무엇보다 중요한 것은 이러한 언택트 사회로의 변화가 더 이상 낯설지 않다는 점이다. **말로는 외치고 있었지만 미뤄왔던 디지털로의 전환이 실제로 해보니 생각보다 편리**했던 것이다. 이러한 의식의 변화가 단 1여년 만에 일어났다는 사실이 놀라울 따름이다. 아직 디지털화되지 못한 영역 역시 천천히 디지털 세계로 편입되고 있다. 금이나 부동산 같은 재화뿐만 아니라 미술품과 음악을 넘어 과거에 존재했던 유명인들 역시 디지털 세계에서 새롭게 태어나고 있다. 언택트 문화는 메타버스 세계를 위한 큰 원동력이다.

： 메타버스의 기술 기반

디지털 기술의 확산

디지털 콘텐츠는 이를 개발 유통하고 있는 플랫폼 위에 올라와 있다. 유튜브 영상이나 게임 내의 정보는 각자 플랫폼 관리자들이 구성한 시스템상에서 이용할 수 있다. 이러한 시스템은 대규모 연산장치와 통신설비 인프라를 이용해 전 세계 사람들에게 제공한다. 콘텐츠는 각각의 플랫폼에 의존하고 있고 플랫폼은 각각의 인프라에 의존하고 있다.

그림 2.9 인터넷 서비스 요소: 인프라, 플랫폼, 콘텐츠

디지털 기술의 기반 기술인 인프라에는 클라우드 컴퓨터를 통한 데이터 연산과 통신설비 등이 포함된다. 메타버스가 구성되기 위해서는 3차원의 현실감 넘치는 세계를 실시간으로 구성해야 하기 때문에 대규모 연산 처리 장치와 빠른 통신 속도가 매우 중요하다. 자금력 있는 빅테크 기업은 자사의 서비스가 안정적으로 운용될 수 있도록 자체 통신설비에 투자를 하고 있다. 통신설비의 경우 천문학적 비용이 들긴 하지만 자사가 이용하지 않더라도 얼마든지 큰 부가가치를 만들어 낼 수 있기 때문에 대규모 자본을 가진 업체가 많이 참여하고 있다. 구글은 수만 km의 해저광케이블 설치에 참여해 독점적인 대륙 간 통신설비를 갖고 있으며, 테슬라의 일론 머스크Elon Musk 가 이끄는 스타링크starlink 나 아마존의 카이퍼Kuiper 프로젝트는 인공위성을 통해 전 세계를 연결하는 일을 하고 있다. 이러한 기반 시설 위에서 제페토, 〈포트나이트〉, 〈로블록스〉 같은 메타버스 플랫

폼이 다른 사용자와 함께 실시간으로 교류할 수 있으며, 이때 발생하는 데이터는 자체 서버뿐만 아니라 아마존의 AWS^{Amazon web service}, 마이크로소프트의 애저^{Azure} 및 구글 클라우드 플랫폼^{Google Cloud Platform}상에서 처리된다.

인프라 위에 다양한 플랫폼이 등장했다. 플랫폼은 과거의 전통시장과 같다. 사고 싶은 사람과 팔고 싶은 사람이 모여서 흥정을 하는 사이에서 거래가 발생하는데 플랫폼은 이러한 과거의 전통시장을 온라인으로 옮겨온 것으로, 여러 사람이 접속해 이용함으로써 그 가치가 드러난다. 각각의 **플랫폼은 콘텐츠를 제작, 판매 및 유통함으로써 사람들을 끌어 모은다.**

과거에는 플랫폼이 주로 자체 제작 콘텐츠를 유통했다. 그러나 최근의 트렌드는 플랫폼의 콘텐츠를 사용자들에게 맡기고, 플랫폼 운영사는 콘텐츠를 만드는 크리에이터에게 보상을 해주는 구조다. 사용자 취향이 너무나도 다양해져서 플랫폼이 이에 모두 대응하기 힘들어졌기 때문이다. 인공지능은 자신만의 개성은 있지만 콘텐츠를 만들기 힘들었던 개인들이 콘텐츠를 손쉽게 생성할 수 있게 하는 도구를 만들어줬다. 이로 인해 2010년 중반부터 유튜브를 위시한 크리에이터가 급격히 증가했다. 다가올 메타버스 시대에는 영상을 넘어서 더욱 다양한 영역에서 크리에이터가 활동하게 될 것이다.

2000년 닷컴 버블은 인터넷 관련 기업이 높은 가치를 인정받았지만 실적이 이를 받쳐주지 못하며 관련 산업의 재편성이 일어난 사건이다. 닷컴 버블 시기 인터넷 기업에 이뤄진 과도한 투자는 단기적으로는 실패로 끝났지만 장기적으로는 큰 성공이었다. 당시 옥석이 가려지며 2005년을 전

후해 트위터, 페이스북, 유튜브 같은 수많은 디지털 서비스가 탄생했다. 특히 무선인터넷과 함께 2007년 아이폰의 등장으로 나타난 모바일 혁신은 21세기 지구를 완전히 바꿔놓았다.

21세기의 기술 혁신은 대부분 디지털 기술에서의 혁신이었다. 2010년을 넘어서며 클라우드가 확산되고 가상현실VR, 증강현실AR 그리고 3D 프린터를 통한 현실과 가상 세계의 연결고리가 주목을 받았다. 그 이후에는 알파고AlphaGo로 인한 인공지능에 대한 관심과 블록체인 광풍이 불었다. 돌이켜 생각해보면 이 모든 것은 디지털 세계의 각 부분을 이루는 핵심 기술이다. VR과 AR 기기 이용해 디지털 세계에 접속할 수 있는데, 이 디지털 세계는 클라우드 서비스 위에 올라가 잇다. 디지털 세계의 많은 콘텐츠는 인공지능을 생성되며, 디지털 세계의 제품을 현실로 가져오기 위해서는 3D 프린터가 필요하다. 각기 부분적으로 존재하던 기술이 메타버스를 통해 하나로 통합되고 있다.

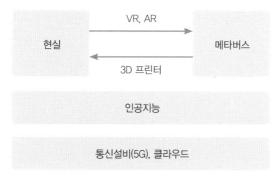

그림 2.10 메타버스의 요소 기술

이러한 기술이 등장하고 관심을 받았던 이유는 단순히 사회문화의 인식의 변화 때문만은 아니다. 컴퓨터의 연산속도는 기하급수적으로 발전했으며, 특히 그래픽 연산 기술의 급성장과 5G로 대표되는 인터넷 속도의 성장은 고화질의 영상을 영상을 실시간으로 처리할 수 있는 수준에 와 있다. 여기에 모바일의 대중화와 플랫폼 기업의 성장으로 데이터가 중앙화되며 빅데이터의 개념이 확립되고, 이를 활용할 수 있는 디지털 기업의 시대가 도래했다.

연산속도의 향상

무어의 법칙은 인텔의 고든 무어Gordon Moore가 1965년 주장한 것으로, 반도체 직접회로의 성능은 2년마다 2배씩 증가한다는 경험 법칙이다. 광범위하게는 컴퓨터 성능이 기하급수적으로 증가하는 것을 말하기도 한다. 반도체 트랜지스터의 크기가 분자 크기에 가까운 수준으로 내려와 더 이상 무어의 법칙이 통용되지 않는다는 의견이 있지만, 다음 그림에서 볼 수 있듯이 지난 수십 년 동안 반도체의 성능은 지속적으로 증가하고 있다. 제품의 성능이 올라감과 동시에 동일한 성능을 내기 위한 제품의 가격은 내려가며, 누구나 디지털 세계에 접속할 수 있는 기기를 갖고 다닐 수 있게 됐다.

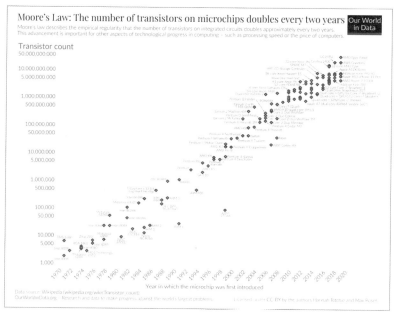

그림 2.11 무어의 법칙

그래픽 연산속도 역시 시간에 따라 기하급수적으로 증가하고 있다. 그래픽 카드의 연산은 메타버스 세상 내에서 색을 표현하거나 빛이 비춰지는 효과를 나타내며, 시각의 변화에 따른 변화를 지속적으로 계산하는 데 사용된다. 과거에는 2차원 이미지도 겨우 해내던 수준에서 이제는 3차원 영상도 실제와 유사한 수준으로 실시간 처리가 가능하다. 이는 게임에 가장 먼저 적용됐는데, 2017년에 출시된 〈배틀그라운드〉 같은 게임의 그래픽을 보면 놀라울 정도다. 참고로 〈배틀그라운드〉는 아마존의 클라우드 플랫폼과 물리엔진 언리얼^{Unreal}을 사용함으로써 제작 기간과 비용을 대폭 낮출 수 있었다. 이런 게임의 등장은 현실감 넘치는 디지털 세계를 충분히 만들 수 있겠다는 기대감을 갖게 했다.

그림 2.12 〈배틀그라운드〉 게임 장면

　그래픽 연산 성능의 향상 덕분에 VR과 AR 기기를 통해 주변 전체를 현실감 있는 모습으로 구현하는 것도 가능하게 됐다. VR 기기 중 우리가 쉽게 볼 수 있는 머리에 쓰고 시청각 정보를 얻을 수 있는 HMD^{Head Mounted Display}의 경우 디스플레이 화질이 좋지 않으면 픽셀 하나하나가 보일 정도로 화면이 눈 바로 앞에 있다. 따라서 디스플레이 성능이 좋지 않았던 초창기에 VR을 접한 많은 이용자가 실망했으나 UHD^{Ultra High Definition} 고해상도 디스플레이가 개발되며 이러한 난관 역시 많이 극복됐다. 고해상도를 처리할 수 있는 그래픽 카드와 디스플레이가 대중화되면서 이제 VR을 사용해 현실감 있는 모습을 보여줄 수 있기 때문에 이제는 HMD의 무게를 줄이는 데 더욱 초점을 맞추고 있다.

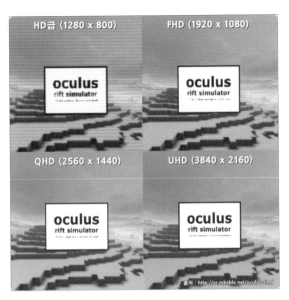

그림 2.13 디스플레이 성능

그래픽 카드는 빠른 병렬 연산성능 덕분에 2017년 이후 암호화폐 채굴에 사용되기도 했으며, 인공지능 연산의 핵심 자원으로도 사용되고 있다. 특히 엔비디아의 CUDA 프로세서는 딥러닝 라이브러리인 텐서플로 Tensorflow 및 파이토치Pytorch와 연계돼 딥러닝 연산속도를 일반적인 컴퓨터에 비해 수십 배 이상 향상시키며 딥러닝 연구자들의 필수품이 됐다. 현재 엔비디아의 CUDA 프로세서 없이는 딥러닝 연구를 거의 할 수 없으며, 빅테크 회사는 이러한 CUDA 프로세서 수천 개를 연결해 한 번에 사용할 수 있는 기술을 개발, GPT-3 같은 놀라운 성능을 보이는 인공지능 모델을 만들기 시작했다. 인공지능 학계의 특성상 많은 연구가 오픈소스로 공개되기 때문에 빅테크 기업의 연구개발의 결과물 역시 대부분 공개됐고, 개별 연구자들의 연구 속도는 더욱 향상됐다.

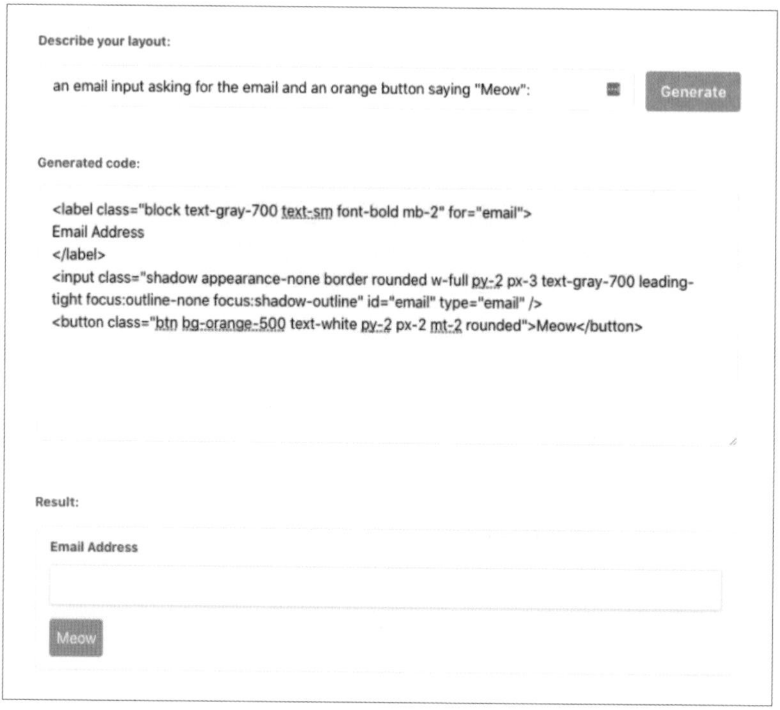

Describe your layout:

an email input asking for the email and an orange button saying "Meow":   [■]   Generate

Generated code:

```
<label class="block text-gray-700 text-sm font-bold mb-2" for="email">
Email Address
</label>
<input class="shadow appearance-none border rounded w-full py-2 px-3 text-gray-700 leading-
tight focus:outline-none focus:shadow-outline" id="email" type="email" />
<button class="btn bg-orange-500 text-white py-2 px-2 mt-2 rounded">Meow</button>
```

Result:

Email Address

[   ]

[Meow]

그림 2.14 GPT-3로 하는 코딩[6]

빅데이터 수집 및 처리

우리는 지하철이나 버스를 기다릴 때처럼 여유시간이 생기면 자연스럽게 스마트폰을 꺼내게 된다. 지하철을 타고 둘러보면 모두가 스마트폰으로 무언가를 하고 있다. 게임을 하는 이들도 있고 뉴스를 보거나 증시를 보기도 하고 음악을 듣기도 한다. 이들이 이용하는 서비스는 모두 플랫폼이 제

---

6 출처: https://www.producthunt.com/posts/gpt-3-tailwind-css

공하는 콘텐츠다. 플랫폼은 무작위로 콘텐츠를 제공하는 것이 아니라 초개인화 추천 시스템을 통해 개인 맞춤형 콘텐츠를 제공한다. 그런데 개인의 취향이 무엇인지 알기 위해서는 이들이 무엇을 좋아하는지 물어보거나 옆에서 관찰해서 알아내야만 한다. 과거에는 직접 묻는 방식을 택했는데 어떤 분야에 관심이 있는지, 무엇 때문에 플랫폼에 들어왔는지 묻고 그에 맞는 콘텐츠를 추천해줬다.

그런데 콘텐츠 제작의 주체가 플랫폼이 아닌 크리에이터로 넘어가면서 직접 관리하기 힘들 정도로 다양한 콘텐츠가 쏟아져 나왔다. 플랫폼이 다양해짐에 따라 콘텐츠뿐만 아니라 고객의 취향 역시 매우 세분화됐다. 결국 무수히 많은 콘텐츠와 무수히 많은 고객의 취향을 어떻게 연결해야 하는가의 문제가 생긴다.

다행히도 플랫폼은 디지털 세계 내에서 일어나는 고객의 행동 데이터를 수집할 수 있다. 고객이 어떤 페이지를 얼마나 봤는지, 콘텐츠를 어떤 순서대로 봤는지가 모두 기록에 남는다. 한시라도 스마트폰을 놓고 살기 힘들어진 현대에 와서는 사실상 **우리의 행동 하나하나가 모두 디지털상의 기록**으로 남는다고 볼 수 있다. 다행이라고 한다면 이용하는 플랫폼별로 데이터가 각각의 데이터베이스에 저장된다는 점이다. 뉴스를 본 기록은 뉴스 플랫폼에, 커머스에서의 구매기록은 커머스 플랫폼에 남는 셈이다. 그러나 구글이나 네이버처럼 실생활에 영향을 미치는 광범위한 서비스를 제공하거나, 페이스북이나 카카오 같이 이용자 의존도가 높은 SNS를 보유하고 있는 기업이 보유하고 있는 데이터의 범위는 굉장히 넓다. 과거보다 플랫폼에서 회원가입 시 작성해야 하는 정보는 훨씬 적어진 반면, 콘텐츠 추천의 정확도는 더욱 올라간 이유는 이 때문이다.

빅데이터 수집을 가능하게 한 또 하나의 기술은 바로 네트워크 속도(인터넷 속도)이다. 모바일을 통한 데이터 양이 급증하는 데 비례해 이를 처리할 수 있는 네트워크 속도 역시 3G에서 4G 그리고 5G로 향상됐다. 과거에는 영화 하나를 내려받는데도 시간이 오래 걸린 반면, 요즘에는 실시간 스트리밍으로 시청이 가능해질 정도가 됐다.

한편 클라우드 시스템이 정착되며 개별 기기에서 처리하기 어려울 경우 데이터를 클라우드 시스템으로 보내서 처리하고 결과값만 받아오는 구조가 가능해졌다. 클라우드 시스템의 발전은 개별 기기인 스마트폰의 성능을 무한정 올릴 필요가 없게 만들었다. 마찬가지로 VR, AR이나 사물인터넷도 각각의 기기가 고성능 장치일 필요가 없으며, 단지 고성능 인터넷망에 연결돼 있기만 하면 될 정도가 됐다. 심지어 고성능 그래픽 성능이 요구되는 게임도 클라우드 시스템을 이용한다면 어느 기기에서나 플레이할 수 있게 됐다. 클라우드 시스템과 인터넷 속도의 향상은 사용자 기기를 점점 더 가볍고 소형화하고 있다.

하지만 무엇보다도 언제 어디서나 인터넷에 접속할 수 있는 **스마트폰이 대중화됨에 따라 플랫폼은 방대한 고객 행동 데이터를 수집**할 수 있게 됐다. 그런데 스마트폰이 대중화된 2010년 초에도 고객 행동에 대한 빅데이터 수집이 가능했지만 이들을 적극적으로 활용하기 시작하기까지는 몇 년이 더 걸렸다. 빅데이터를 처리할 수 있는 알고리즘과 연산장치의 성능이 부족했고, 관련 인력도 많지 않았기 때문이다. 그러나 연산속도의 향상으로 이러한 난점도 많이 해소됐다.

인공지능 특히 딥러닝은 빅데이터 처리 기술이다. 지금보다는 적었을지는 몰라도 빅데이터는 과거부터 존재해왔지만, 그러한 데이터에서 특정 경향성을 밝혀내기 위한 분석 방법이 많지 않았다. 통계적인 방법은 대체로 상황을 단순화시켜 보게 되는데 이 경우 많은 변수를 동시에 고려하기 힘들다는 점이 있었다. 그러나 딥러닝은 많은 변수의 상관관계를 밝히는 데 매우 탁월한 성능을 보인다. 빅데이터만 넣으면 변수 간의 관계를 크게 고려할 필요 없이 모델 속에서 주요 패턴을 파악할 수 있다. 인간이 인지하기에는 너무나 복잡한 환경을 이해하기 위한 도구가 바로 인공지능인 것이다.

혹자는 인공지능을 바보를 위한 기술이라고도 한다. 데이터에 대한 큰 고민 없이 일단 빅데이터를 집어넣기만 하면 어떤 패턴이든 찾아주기 때문이다. 그러나 딥러닝이 높은 정확도를 가지는 만큼 아주 예민하다. 의미 있는 패턴을 찾기 위한 모델 구성과 결과물로 나온 패턴 대한 해석은 많은 연구가 필요한 영역이다.

⦂ 메타버스로의 움직임

소셜

소셜미디어는 정보를 공유하는 플랫폼이다. 처음에는 디지털 세계에 현실을 기록하고 공유하는 공간으로 시작했으나 기업 광고와 뉴스 등 다양한 정보가 소셜미디어에서 유통되고 있다. 소셜 활동이 일어나는 공간인 만큼 다양한 사회활동 및 경제활동을 벌일 수 있는 메타버스에 대한 확장 가능성이 높다.

세계 최대의 SNS 플랫폼인 페이스북은 2012년 이미지 기반 SNS인 인스타그램을 약 1조 2000억에 인수했다. 당시 생긴 지 2년밖에 되지 않고 직원도 13명 정도인 회사를 너무나 비싸게 주고 샀다는 이야기가 많았다. 페이스북은 자신들이 운영하는 페이스북 서비스에 만족하지 않고 변화에 대응해왔고, 그 결과 약 10년이 흐른 지금에 와서는 가장 성공적인 M&A 사례로 꼽히고 있다. 다음 세대를 내다본 페이스북의 혜안이 돋보인다. 인스타그램을 보유한 페이스북은 2014년 VR 기기를 만드는 오큘러스 Oculus를 약 2조 5천 억에 인수했다. 머리에 쓰는 VR 기기인 리프트Rift를 만든 오큘러스는 이후 지속적으로 기기를 업그레이드해 2020년 10월 오큘러스 퀘스트2를 내놓았다. 오큘러스2는 뛰어난 성능과 가벼워진 무게(이전 제품보다 10% 이상 가벼운 503g) 및 이전 제품보다 저렴한 가격(이전보다 100달러 저렴한 299달러)으로 인해 기존에 잘 팔려야 10만 대를 넘겼던 VR 기기 판매 시장에서 500만 대 이상을 판매했다. 이후에도 페이스북은 지속적으로 VR 스타트업을 인수해 나갔다.

이런 페이스북이 2020년 페이스북 호라이즌Facebook Horizon이라는 메타버스 형식의 SNS의 베타서비스를 출시했다. 호라이즌은 오큘러스 VR 기기를 통해서 접속할 수 있으며, 플랫폼 내에서는 아바타로 이동하며 친구와 음성으로 채팅을 나누고 간단한 게임을 할 수 있다. 페이스북은 호라이즌을 통해 차세대 SNS로서 메타버스를 주의 깊게 보고 있다. 특히 페이스북이 스마트폰의 구글플레이나 앱스토어에 의존적이었던 반면 VR 기기 시장에서 앞서가고 있는 페이스북은 기존의 SNS를 넘어 가상 오피스 같은 다양한 메타버스 콘텐츠를 준비하고 있다.

한편 VR 기기가 널리 보급되지 않은 상황에서 처음부터 VR 기기를 이용하는 메타버스 세계를 만들기보다는 일단 당장 가능한 3D 게임 형식의 메타버스 세계를 구현하는 곳도 있다. 제페토는 아바타를 꾸미는 데 특화된 서비스다. 사진 촬영을 통해 자신의 모습과 유사한 캐릭터를 만들고 외형을 수정하거나 다양한 액세서리를 착용할 수 있다. 제페토에서는 자유롭게 공간을 생성할 수 있다. 스스로 만든 아바타가 자유롭게 공간을 뛰어놀 수 있게 됨으로써 제페토는 큰 인기몰이를 했다. 제페토에서 생성된 공간에는 특별한 목적이 없다. 사람들은 그저 접속해 캐릭터로 다른 사람들과 교류하는 것이다. 새로운 형태의 소셜 공간인 만큼 아직까지 콘텐츠의 깊이와 양이 충분하지는 않기에 제페토에 흥미를 느끼는 회원은 대부분 초등학생 나이대의 어린 연령층에 분포하고 있다.

한편 물리적 제약을 받고 있는 시니어와 장애인들은 메타버스가 가진 자유로움의 혜택을 가장 많이 받을 수 있는 집단이다. 사회활동은 시니어들의 삶의 만족감에 많은 영향 미치는데, 코로나19로 인해 이들의 사회활동이 많이 축소됐다. 특히 거동이 불편하거나 요양원에 있어 외출이 어려운 시니어들도 많이 있지만, 이들은 현실의 제약에도 불구하고 사회활동을 하고 싶어 한다. 따라서 이들에게 사용하기 쉬운 간단한 기능의 메타버스 세계를 제공함으로써 사회활동을 촉진시켜 시니어들의 삶의 만족도를 높일 수 있다.

현재 소셜미디어의 가장 큰 고민거리는 텍스트나 이미지, 영상이 아니라 악의적으로 만들어진 가짜 정보다. 소셜미디어의 주 매체는 영상으로 많이 넘어왔지만 여전히 영상 속 사람의 얼굴을 다른 사람으로 바꿀 수 있는 딥페이크 기술 같은 가짜 정보가 넘쳐난다. 자유도가 더 높은 메타버스 세계에서는 가짜 정보가 더욱 많아질 것이다. 따라서 소셜미디어에서 메타버스로의 변화는 더욱 점진적으로 진행될 것으로 예상된다.

엔터테인먼트

현재 메타버스 세계를 가장 잘 표현하고 있는 영역은 엔터테인먼트, 간단히 말해서 게임이다. RPG 게임은 게임 내에서 하나의 역할을 맡아 주어진 스토리를 따라가는 게임인데 몰입감을 더하기 위해 현실감 넘치는 그래픽을 더한다. 게임 내의 세계관 특성상 주로 판타지 요소가 많이 들어가지만 게임 캐릭터는 우리가 미래에 만날 아바타의 개념과 매우 유사하다.

RPG 게임은 보통 구성된 스토리에 맞춰 퀘스트를 수행하며 진행된다. 앞에 MMO가 붙은 MMORPG는 대규모 사용자가 동시에 접속해 RPG 게임을 수행하는 방식이다. RPG 게임에서는 고정된 스토리가 아니라 자유도가 높은 스토리로 플레이가 가능하며 그때마다 필요한 도구를 직접 창작해서 만들 수 있다면 이것이 바로 현실감 넘치는 메타버스 세계가 되는 것이다. 실제로 메타버스 붐을 일으킨 것도 〈포트나이트〉나 〈로블록스〉 같은 게임이다. 이들은 아바타로 하나의 스토리가 아닌 다양한 게임모드를 즐길 수 있도록 만들어졌다.

〈포트나이트〉는 원래 자유롭게 다니며 재료를 수집하고 적을 무찌르는 게임이었다. 여러 게임 모드를 출시해온 〈포트나이트〉가 2020년 〈파티로얄Party Royale〉이라는 새로운 모드를 출시하며 다음과 같이 말했다.

> "〈포트나이트 파티로얄〉은 실험을 통해 계속해서 발전하는 공간입니다. 긴장을 풀고 미니게임을 플레이하거나 친구들과 함께 콘서트, 영화 등을 관람해 보세요! 〈파티 로얄〉에는 전투도, 건설도 없으므로 처치당할 염려가 없습니다. 누구나 참여해 마음 놓고 쉴 수 있죠!"[7]

〈파티로얄〉은 힐링 공간이다. 전투를 하던 아바타들이 이곳에서는 대화도 하고 여가 생활도 즐길 수 있었던 것이다. 힙합 래퍼인 트래비스 스캇Travis Scott은 이곳에서 콘서트를 열었다. 콘서트는 10분씩 5회 공연이었는데 총 2770만 명이 관람했고, 200억 이상의 수익을 올렸다고 한다. 현실 콘서트에서는 10만 명도 모이기 힘든 현 상황을 생각해보면 가상 세계의 잠재력을 가늠해 볼 수 있다.

방탄소년단BTS은 신곡 다이너마이트의 뮤직비디오를 〈포트나이트〉에서 공개했다. 음악방송도 아니고 유튜브도 아니고 바로 디지털 세계인 〈포트나이트〉에서 신곡을 발표한 것이다. 단순히 뮤직비디오만 공개한 것이 아니라 아이템도 판매했는데, 아이템을 구매하면 내 아바타가 방탄소년단의 춤을 따라 추는 형태의 아이템이었다. 방탄소년단의 소속사인 빅히트 엔터테인먼트는 방탄소년단이라는 세계관을 만들기도 하고 팬덤

---

7 출처: https://www.epicgames.com/fortnite/ko/news/your-first-drop-into-party-royale-getting-to-the-main-stage

플랫폼을 만드는 등 기존의 연예기획사와는 다른 신선한 행보를 이어
왔다. 2021년 방탄소년단의 소속사가 회사 이름을 연예기획사인 빅히트
엔터테인먼트에서 하이브^{HYBE}로 바꾸고 IT 기술을 개발하고 있는 건 이제
놀라운 일이 아니다.

그림 2.15 방탄소년단과 〈포트나이트〉

한편 메타버스의 경제 시스템으로 블록체인을 활용하는 곳도 있다. 〈디
센트럴랜드^{decentraland}〉는 롤플레잉 게임으로 정해진 목적 없이 모험을 하
거나 적을 물리치고 보상을 받는 게임이다. 특이한 점은 도로와 광장을 제외
하고 모든 땅을 사고 팔 수 있다는 점이다. 〈디센트럴랜드〉 내에는 MANA
라는 암호화폐로 거래를 하게 돼 있으며 땅 소유권은 NFT^{Non-Fungible Token}
라는 대체불가능토큰에 기록한다. 2017년에 나온 〈디센트럴랜드〉에서

지금까지 5만 번 이상의 거래가 일어났으며 땅값은 지속적으로 상승하고 있다.

게임이 단순히 디지털 세계에만 머물기만 하는 것이 아니라 현실과 연관성을 갖기도 한다. 게이미피케이션gamification은 게임의 이러한 동기 부여 요소와 중독 요소 등을 이용해 교육, 마케팅 등의 성과를 이루기 위한 방법이다. 특정 목적을 이루기 위해 엔테터인먼트의 요소를 추가하는 것이다. 닌텐도Nintendo의 〈링피트RingFit〉는 게임과 연결시켜 집에서 하는 운동에 동기부여를 더한다. 실제 움직임을 추적하는 센서로 스쿼트, 누워서 다리 당기기, 만세 푸시 등의 운동을 할 때마다 게임에서 내 아바타의 레벨이 오르고 세계를 탐험할 수 있다. 전반적으로는 게임의 스토리를 따라가지만 하고 싶은 운동과 양은 직접 고를 수 있다. 현실에서는 얼심히 운동을 했는데 디지털 세계에서는 아케이드 게임을 한 셈이다.

디지털 세계와 현실의 연관성은 명품 브랜드의 마케팅에서 더욱 돋보인다. 구찌Gucci는 〈테니스 클래시Tennis Clash〉라는 모바일 게임과의 협업에서 구찌 테니스복을 착용하고 구찌 스페셜 토너먼트에 참여하는 방식을 게임 서비스로 구현했다. 게임 속 캐릭터는 테니스화, 양말, 모자, 옷 등으로 구성된 특별한 구찌 테니스복을 입고 테니스를 치게 되는데, 게임 속 아이템을 실제 구찌 웹사이트를 통해 구매할 수 있다. 루이비통Louis Vuitton은 2019년 LoL 월드챔피언십 게임대회를 후원했다. 여기에서 루이비통은 게임에 등장하는 키아나라는 캐릭터의 의상과 액세서리에 루이비통 제품을 사용해 마케팅했는데, 실제로 해당 제품은 큰 관심을 받았다고 한다. 한편 게임은 아니지만 멋있는 수트로 유명한 영화 『킹스맨Kingsman』

역시 영화를 위한 수트를 새롭게 디자인했고 영화가 끝난 후에도 지속적으로 판매하고 있다.

그림 2.16 루이비통 제품을 착용하고 있는 게임 캐릭터 키아나(위)와 실제 판매 중인 제품(아래)

디지털 트윈

디지털 트윈은 디지털 세계 속에 현실을 모방한 쌍둥이 세계를 구현한 것이다. 제조업에서는 제품을 설계할 때 디지털 세계에서 설계하고 이를 시뮬레이션함으로써 현실의 결과를 예측하는 방식으로 디지털 트윈을 이용해 왔다. 예를 들어 비행기 날개를 설계하기 위해서 하나의 날개를 직접 만드는 것뿐만 아니라 성능을 보기 위해 풍동 실험wind tunnel test을 하는 데도 많은 비용이 든다. 최적의 조건을 찾기 위해서는 수많은 날개 모형을 만들어야 하는데 하나하나 만들 때마다 수천에서 수억 원의 비용이 소모되기 때문이다. 이 때문에 제조업에서는 제품의 강도나 성능을 평가하기 위해 컴퓨터 시뮬레이션에 대한 요구가 있었고 이러한 솔루션도 많이 개발됐다.

CAD는 컴퓨터를 이용해 제품의 형상을 디자인하는 툴이다. CAD로 설계를 하고 실제로 움직여 보면서 원하는 대로 움직이는지, 물체끼리 충돌하지 않는지 검증한다. 이렇게 한다고 현실에서 아무런 문제가 안 생기는 건 아니지만 그 빈도는 훨씬 줄어든다. 글을 작성하는 문서편집기도 일종의 디지털 트윈으로 볼 수 있다. 원고지에 직접 쓸 때는 내용을 수정하거나 글의 구조를 바꾸기가 매우 어렵다. 그러나 컴퓨터 문서편집기를 이용하면 수정도 편하고 그 외의 다양한 부가 기능을 이용할 수 있다. 즉 디지털 트윈은 디지털 세계의 높은 자유도를 이용해 현실에서 발생할 수 있는 문제를 해결해 설계 비용을 기하급수적으로 낮출 수 있다.

스마트 팩토리를 디지털 트윈으로 만들어 최적화할 수도 있다. 여러 명이 디지털 트윈 공간에서 만나 실시간으로 디자인을 변경하고 부품을 바꿔가며 성능 변화를 관찰하려는 시도가 이뤄지고 있다. 부품 정보, 조립 도면 및 가동 현황 등의 정보는 디지털 기록으로 남게 되고 이를 바탕으로 운용을 최적화할 수 있다. 피그마Figma는 웹 기반의 실시간 디자인 툴로 다양한 사용자가 동시에 하나의 페이지를 수정할 수 있다. 피그마는 높은 사용성과 함께 다양한 디자이너가 같은 디지털 공간에서 활동함으로써 시너지 효과를 얻을 수 있어 디자이너계의 대세로 자리잡고 있다. 그래픽 기술의 정점에 있는 엔비디아는 3D 시각화 협업 플랫폼인 옴니버스를 공개했으며,[8] 항공기 제조업체인 에어버스는 MiRA라는 증강현실 시스템을 도입해 2700명 이상이 사용 중인데, 이를 활용해 A380 항공기의 브래킷 bracket 검사 기간이 3주에서 3일로 줄었다고 한다.[9]

의료분야는 현실에서 실험을 할 수 없는 경우가 많기 때문에 디지털 트윈의 가치가 더 높다. 특히 심장 질환은 생명에 치명적으로, 실제 심혈관계 질환은 세계 사망률 1위다.[10] 2013년 미국에서 설립된 심장 관상동맥 분석회사인 하트플로우HeartFlow는 유체역학 시뮬레이션을 통해 심혈관계 질환을 예측하는 기술로 유니콘 기업이 됐다. 이는 질환 예측뿐만 아니라 심혈관계 수술을 진행하기 전 다양한 방식으로 수술을 해보고, 그 결과에 따라 최적의 방법을 고르는 데도 사용할 수 있다.

---

8   출처: https://developer.nvidia.com/nvidia-omniverse-platform

9   출처: https://www.testia.com/news/mira-airbus-available-through-testia-smartmixedreality/

10   출처: http://www.dailymedi.com/detail.php?number=863902

디지털 트윈에 꼭 시뮬레이션이 있을 필요는 없다. 오히려 디지털 트윈에 소셜과 엔터테인먼트의 요소들을 가미하기도 한다. SM엔터테인먼트는 2020년 11월 에스파^aespa라는 걸 그룹을 데뷔시켰는데, 에스파는 현실의 아티스트와 이들 각각에 대응되는 디지털 세계의 아바타가 서로 소통하고 교감하며 성장하는 세계관을 갖고 있다(그림 2.7 참조). 과거 팬들이 아티스트를 추종했다면 에스파의 많은 팬은 이들의 세계관을 추종한다. 머릿속에서 현실의 아티스트와 아바타가 동일하다는 인식이 생긴다면 이 그룹의 확장성은 무궁무진하다. 에스파의 세계관은 영화화 이야기도 흘러나오고 있다.[11] 아티스트의 아바타는 하나의 콘텐츠 IP^intellectual property(지적 재산권)가 되는데, 이들은 현실의 아티스트가 소화하기 어려운 일정이나 영역도 거뜬히 소화해 낼 수 있다.

전국 지도를 디지털로 옮긴 지도 앱과 이를 기반으로 돌아가는 내비게이션은 역시 디지털 트윈을 이용하고 있는 사례다. 이동 시 최단거리를 검색하면 플랫폼은 지금의 교통 상황을 반영해 최적의 경로를 알려준다. 버스, 지하철 위치뿐만 아니라 교통 흐름과 사용자 위치까지 모두 디지털화돼 있기 때문에 가능한 것이다. 플랫폼은 이러한 데이터를 바탕으로 이용자가 자주 이동하는 거리를 바탕으로 지역 맛집을 추천해 주거나 즐길 거리를 알려주기도 한다.

한편 코로나19로 인해 재택근무가 늘어나며 비대면 협업 툴 사용량이 늘어났다. 협업 플랫폼은 채팅 형식의 슬랙^slack에서 소셜 기능이 가미된

---

11 출처: https://m.mk.co.kr/news/culture/view/2021/07/715814/

팀플로우나 개더 같은 소셜 기능이 가미된 형태로 발전하고 있다. 이들 가상 사무실은 단순한 정보 전달을 넘어서 아바타를 통해 환경과 동적으로 상호작용하며, 사무실을 돌아다니고 근처에 있는 동료들과 스몰 토크를 하고 게임을 하는 등의 소셜 활동을 할 수도 있다. 가상 사무실의 성공은 업무처리라는 목적을 이루기 위해서라도 소셜 활동이 중요함을 보여준다.

그림 2.17 기존에 많이 쓰던 협업 툴인 슬랙

그림 2.18 소셜과 엔터테인먼트를 가미한 협업 툴인 팀플로우. 같은 방에 있거나 근처에 있는 사람 웹캠만 보인다.

디즈니는 코로나19로 인해 2020년 디즈니랜드를 제대로 운영하지 못했다. 그래서 메타버스 안에서 현실의 본떠 만든 디지털 디즈니 테마 파크를 열겠다고 선언했다. UC버클리 대학은 코로나19로 대면 졸업식을 할 수 없어 〈마인크래프트〉에서 졸업식을 했다고 한다. 지난 해 치룬 미 대선에서 바이든 캠프는 대선 시기에 닌텐도 〈동물의 숲〉에 선거캠프를 만들어 비대면 선거 유세를 했다. 국내에서도 다양한 정치인들이 제페토 안에서 자신의 공간을 만들어 국민들을 만나고 있다.[12] 이러한 사례는 디지털 트윈이 현실의 대안이 될 수 있음을 보여준다.

국토교통부는 디지털 트윈으로 학교 및 어린이 보호구역을 디지털 세계에 시각화해 화면을 통해 학교와 어린이 보호구역을 확인할 수 있는 서비스를 시작했다.[13] 서울시 역시 항공사진과 건물 내부 사진을 3D로 구축해 서울을 그대로 복제한 스마트 서울맵S-Map을 공개했다.[14] S-Map은 건물의 조망과 일조량까지 확인할 수 있을 뿐만 아니라 직접 도시를 설계해 볼 수 있는 툴도 제공한다. 이 밖에도 디지털 트윈을 활용해 유통 공급망supply chain을 최적화하기도 하고, 교통의 흐름을 이해하기 위해서나 신호등을 설치하기 위한 교통 시뮬레이션을 수행하기도 한다.

NASA에서는 비행기 내부 환경과 유사하게 구성된 디지털 트윈 세계에서 조종사들이 항공기 운용실습을 하며, BMW 역시 엔지니어 교육에 증강현실 기반 소프트웨어를 사용한다. 디지털 트윈은 가상 세계를 이용해 현실 세계의 다양한 문제를 해결하는 데 도움을 줄 것으로 예상된다.

---

12 출처: https://n.news.naver.com/article/030/0002957508

13 출처: https://www.korea.kr/special/policyFocusView.do?newsId=148885022&pkgId=49500747&fbclid=IwAR01lj15b4WdgjK7dCyCwqpJJ_7D8wzoIRJ9tZJeMlNaI2o-Jl9wb-vyE1s

14 출처: https://map.seoul.go.kr/smgis2/

CHAPTER 3

메타버스로
통합되는 기술

메타버스는 수십 년 전부터 이어져 오던 디지털 기술의 결과물이다. 메타버스는 각 시대를 이끌어온 모든 디지털 기술을 포함한다. 그런 의미에서 메타버스는 기술이 아니라 기술의 융합인 디지털 컨버전스로 볼 수 있다.

디지털 세계의 콘텐츠를 생성하려면 인공지능이 사용된다. 인공지능은 디지털 세계에서도 현실과 가까운 환경을 손쉽게 만들 수 있게 해준다. 블록체인은 참여자 간의 상호 견제를 통해 메타버스 내 신뢰성 있는 금융시스템을 도입할 수 있게 하며, 확장현실은 이러한 디지털 세계를 인간의 오감으로 전달한다. 3D 프린터는 디지털 세계의 콘텐츠를 현실 속에 구현한다.

메타버스의 현재와 미래를 알기 위해서는 메타버스를 구성하고 있는 기술이 어디까지 왔는지 확인해야 한다. 쉽게 느껴질 수 있지만 성숙하지 못한 기술도 있고 어려워 보여도 손쉽게 해낼 수 있는 기술이 있다. 3장에서는 각 기술의 원리와 현황을 살펴보며 메타버스를 구성하고 있는 주요 기술을 알아볼 것이다.

：인공지능

인공지능의 발전

인공지능은 소프트웨어 자동화 기술이다. 산업혁명은 사람이 직접 해야만 했던 일을 기계가 대신함으로써 생산성이 비약적으로 향상됐다. 기계가 한 것은 새로운 창작활동이 아니라 사람이 하던 반복작업을 매뉴얼로 만들어 자동화한 것이었다. 당시에는 "어떻게 기계가 이런 일을 할 수 있을까"하는 의문도 많았지만 결국 기계의 도입으로 대량생산이 가능해지며 자본을 축적한 다국적 기업이 탄생하게 됐다. 산업혁명이 하드웨어의 자동화 기술에서 나왔다면 인공지능은 소프트웨어 자동화 기술이다. 인공지능은 꼭 인간이 해야만 한다고 생각했던 영역인 물체 인식, 문장 생성, 작화와 작곡도 능수능란하게 해낸다.

　인공지능은 빅데이터로부터 패턴을 인식함으로써 시작된다. 빅데이터는 인간이 직접 처리하기에 너무나도 크고 변수가 많아 그 관계를 파악하기 어려운 많은 양의 데이터다. 대략적인 원리는 다음과 같다. 어떤 문장이 긍정인지 부정인지 알아 맞힐 수 있는 인공지능 모델이 있다고 생각해보자. 이 모델을 학습하기 위해서는 다음과 같이 긍정, 부정이 라벨링된 수십만 개의 데이터가 필요하다.

문장	라벨
이 책은 정말 재미있어요	긍정
책을 친구에게 추천해주고 싶어요	긍정
책이 너무 어려워요	부정
...	...

그림 3.1 인공지능을 위한 데이터 세트 예시

인공지능은 문장의 패턴을 파악하고, 이 문장이 긍정인지 부정인지 기억해 둔다. 만약 "이 책은 추천이에요."라는 새로운 문장이 들어오면 기존에 학습했던 수십만 개의 문장과 비교해서 어떤 문장과 유사한지 찾고, 해당 문장이 긍정인지 부정인지를 보고 이를 바탕으로 응답한다. 만약 데이터가 수십 개밖에 없다면 비교해볼 수 있는 문장의 수가 적기 때문에 정확한 응답을 기대하기 어렵다. 반면 문장의 패턴이 단순한 문제라면 적은 수의 데이터로도 높은 정확도의 응답을 기대할 수 있지만 그런 경우는 드물다. 단순히 음식 맛에 대한 긍정과 부정 패턴만 보더라도 좋아하는 이유는 '맛있어요'라는 하나이지만 싫어하는 이유는 뜨거워서, 차가워서, 매워서 등등 제각각이기 때문이다.

인공지능 모델은 수십만 개의 문장과 직접 비교하는 것은 아니고, 그 패턴만을 담고 있는 모델을 미리 만들어 두고 패턴으로 비교한다. 여기서 패턴 인식을 하는 방법에 따라 다른 인공지능 모델이 만들어진다. 글자 단위로 나눠서 패턴을 볼 수도 있고, 띄어쓰기 단위로 나눠서 볼 수도 있는 것처럼 패턴 역시 다양한 방법으로 인식될 수 있기 때문이다. **패턴을 인식한다는 것에서 '학습'이라는 개념**이 생겨난다. 학습을 통해 인공지능은 모든 빅데이터를 다 기억하는 대신 그 속의 규칙성을 찾아 핵심만 기억할 수 있다.

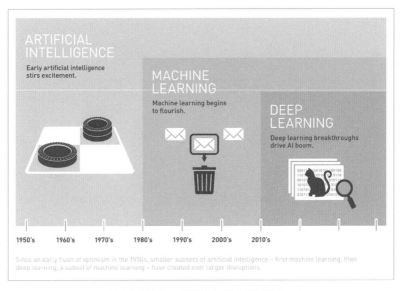

그림 3.2 인공지능, 머신러닝, 딥러닝(출처: 엔비디아)

우리 주변에서 손쉽게 볼 수 있는 인공지능은 계산기다. 계산기는 어려운 산수를 인간보다 훨씬 빨리 훨씬 정확하게 푼다. 이게 무슨 인공지능이냐는 생각이 들 수도 있겠지만 이렇게 산수를 잘 하는 인공물인 계산기는 대표적인 인공지능 제품이다. 다만 계산기는 빅데이터도 필요 없고 학습도 필요 없고 정해진 규칙에 따라 계산만을 할 뿐이다. 마이크로소프트의 엑셀 역시 인공지능이다. 기업 소개를 보면 '인공지능 기술을 사용해서'라는 말이 많이 적혀 있는데 실제로 방문해보면 엑셀만을 쓰는 경우도 많다. 물론 엑셀 내부에서도 간단하게 학습할 수 있는 도구를 제공한다.

학습이라는 개념이 들어간 인공지능을 머신러닝machine learning이라 부른다. 학습을 하기 위해서는 데이터가 필요하다. 과거의 머신러닝은 대체로 수학적으로 정교하게 짜인 통계 모델을 이용했다. 그러나 복잡한 현상을 수학적으로 기술하려고 하다 보니 여러 가정을 도입해 현상을 단순화시킬 수밖에 없었다. 결과적으로 머신러닝은 결과에 대해 통계적으로 설명이 가능하다는 큰 장점이 있지만, 변수가 적으며 명확히 구분될 수 있는 비교적 단순한 패턴 인식에만 적용 가능하다는 단점이 있다.

2016년 알파고 등장 이후에 나온 놀라운 인공지능의 성과는 딥러닝을 통해 이뤄졌다. 딥러닝은 머신러닝의 한 영역이지만 수학적 모델링 대신 인공지능 모델이 많은 **데이터상에서 스스로 패턴을 찾게 하는 방법**이다. 따라서 다양한 패턴을 가진 매우 큰 데이터와 함께 이들의 패턴을 인식할 수 있는 대용량의 모델로 오랜 시간을 학습해야 한다. 기존의 머신러닝이 수분 안에 하는 걸 딥러닝은 수일 정도 걸린다. 그럼에도 그 성능이 우수하고 다양한 범위로 확장성이 높아 지속적으로 연구 중이다. 딥러닝 연구는 대개 얼마나 원하는 패턴을 빠르게 잘 찾아낼 수 있느냐에 대한 것이지 현상에 자체에 대한 경우는 아니다. 예를 들어 언어처리 인공지능 연구를 언어학 전문가가 하는 것이 아니다. 물론 해당 분야의 지식이 있다면 더욱 빠르게 원하는 바를 이룰 가능성이 높지만 말이다. 현재에 와서 인공지능은 적어도 학계에서는 이 딥러닝을 뜻하는 말로 쓰이고 있다.

딥러닝의 대표적인 적용영역은 초개인화된 상품 추천이다. 유튜브에서 인기 영상을 찾을 때는 조회수와 '좋아요' 수를 보면 된다. 과거 인기 영상의 경우 조회수와 '좋아요' 수가 급격히 늘어났음을 알 수 있기 때문에 새로운 영상도 영상의 조회수와 '좋아요' 수가 시간에 따라 어떻게 변하는지 보면 어느 정도의 인기 영상이 되겠다는 사실을 예측할 수 있다. 이 정도는 머신러닝 기법으로도 충분히 원하는 결과를 얻을 수 있다. 만약 개인에게 맞춤형 영상을 추천해 주는 상황을 생각해보자. 이 경우 이 사람이 어떤 영상을 시청했는지, 몇 분 동안 봤는지, 추천은 눌렀는지, 후에 비슷한 영상은 또 봤는지, 이 사람과 비슷한 패턴의 사람들이 좋아한 영상인지 등 고려할 요소가 너무 많은데 명확한 규칙을 세우기도 어렵다. 이러한 경우 머신러닝의 심화판인 딥러닝을 활용할 수 있다.

딥러닝은 2012년 이미지를 분류하는 ILSVRC ImageNet Large Scale Visual Recognition Challenge 대회에서 알렉스넷AlexNet이라는 알고리즘이 우승하며 대중의 관심을 받기 시작했다. 천천히 감소하던 오차가 알렉스넷이 나오며 급격히 떨어지기 시작해 2015년에는 사람보다 해당 태스크를 더 잘 수행했다. 알렉스넷은 CNN Convolution Neural Network이라는 모델을 적극 활용했는데, 이는 컴퓨터 비전 분야의 후속 모델에 방향성을 제시해 준 모델로 현대 인공지능 시대를 연 논문으로 평가받고 있다. 딥러닝은 이미지뿐만 아니라 언어와 음성을 넘어 강화학습에서 기존의 결과를 모두 앞지르는 성과를 보여줬다.

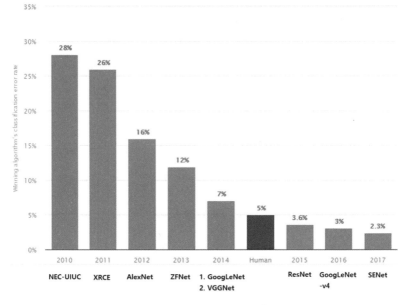

그림 3.3 이미지 인식 대회 점수[1]

여기서 참고로 사람보다 잘 맞췄다는 게 무슨 뜻일까? 예를 들어 MNIST 데이터 세트는 손글씨 숫자를 보고 뭐가 쓰여있는지 맞히는 데이터 세트다. 그림 3.4를 보면 위에서부터 각각 0부터 9까지 숫자를 의미한다. 인공지능에게 제일 위에 숫자는 0, 그 아래는 1 이렇게 가르쳐 준 다음 처음 보는 손글씨를 보여주고 이게 무슨 숫자인지 맞히게 하는 것이다. 그런데 손글씨이다 보니 수많은 손글씨를 보다 보면 사람도 헷갈릴 수 있다. 예를 들어 어떤 사람이 9라고 썼지만 다른 사람이 보기에는 8이나 0처럼 보일 수도 있다. 이런 경우에 생길 수 있는 것이 그림 3.3의 이미

---

1   출처: https://wjddyd66.github.io/dl/CNN-(2)-CNN%EC%A2%85%EB%A5%98/

지 인식 대회에서 보이는 사람의 오차율이다. 그런데 인공지능을 사용하면 그런 애매한 경우에도 사람보다 훨씬 더 쓴 사람의 의도대로 잘 이해했다고 생각하면 된다. MNIST의 데이터 세트의 경우 지금은 단 몇 분만의 학습으로도 오차율이 1% 미만의 모델을 학습할 수 있다.

그림 3.4 MNIST 데이터 세트, 위에서부터 0~9의 숫자를 나타낸다.

과거의 컴퓨터는 사람이 입력한 대로만 움직이는 기계라고 생각됐다. 그러나 사람이 생산해낸 수많은 데이터 패턴으로 학습된 인공지능 모델은 그 모델 속에 있지 않은 새로운 패턴을 그려내기도 한다. 창의력은 사람만의 전유물이라 생각했지만 지금의 인공지능은 피카소나 고흐 스타일의 그림, 바흐나 베토벤 스타일의 음악을 넘어 새로운 예술을 창작하기도 한다. 인공지능 기술로 인해 가상 세계 콘텐츠의 다양성과 양이 폭발적으로 늘어나게 된 것이다. 이모지Emoji 앱을 이용하면 내가 원하는 얼굴을 선택할 수 있고, 내 표정과 말에 따라 얼굴이 자연스럽게 바뀐다. 딥페이크 기술은 훨씬 더 정밀하게 얼굴을 바꿔준다. 과거 가수의 음색과 춤을 재현하는 것도 가능하다. 과거에도 구현하기 어려운 기술은 아니었는데 엄청난 돈과 시간이 필요했고 품질이 좋지 않았던 반면 인공지능을 이용하면 훨씬 더 다양한 경우에도 원하는 결과를 얻을 수 있다. 현재 인공지능, 그 중에서도 데이터 기반의 지도학습supervised learning은 크게 컴퓨터 비전, 자연어 처리, 음성인식이라는 세 분야로 나뉘어 발전하고 있으며 점점 그 **경계가 모호**해지고 있다.

현재 인공지능 연산을 위해서는 엔비디아의 CUDA 프로세서가 있는 그래픽 카드가 필수적이다. 현실감 넘치는 이미지와 영상을 위해서 빛의 방향에 따른 변화와 색감, 재질 등을 고려한 이미지 생성을 위한 연산장치였던 그래픽 카드는 연산장치를 병렬화해 동시에 대규모의 계산을 수행할 수 있다. 이에 착안해 엔비디아는 인공지능에 특화된 연산장치를 개발했고, 이는 인공지능 나아가 메타버스 시대의 하드웨어를 선점할 수 있게 되었다. 그래픽 카드 제조 전문 업체인 엔비디아의 CEO 젠슨 황Jensen Huang이 "메타버스의 시대가 오고 있다."고 말하며 다양한 메타버스를 위한 제품을 출시하는 건 우연이 아니다. 그리고 놀랍게도 당시 영상을 통해 이런 말을 하는 젠슨 황의 모습도 사실은 인공지능 기술로 구현된 것임이 추후에 알려져 충격을 주기도 했다.[2]

한편 인공지능에 대한 환상을 어느 정도 버릴 필요가 있다. 인공지능이 컴퓨터 비전computer vision이나 자연어 처리natural language processing 또는 동

---

2   이상덕, "젠슨 황인줄 알았는데…전 세계가 깜박 속았다", 매일경제(https://www.mk.co.kr/news/business/view/2021/08/790140/), 2021년 08월 15일

적 프로그래밍dynamic programing이라는 이름을 가졌다면 지금과 같은 대중적 인기를 누리기 힘들었을지도 모른다. "컴퓨터 비전과 자연어 처리가 인간을 위협할 것으로 예상되는 데 대비해야 할까요?"라고 묻는다면 "글쎄요."라는 답변이 오겠지만, "인공지능이 인간을 위협할 것으로 예상되는 데 대비해야 할까요?"라고 하면 "그렇다."는 비율이 높을 것이다. 딥러닝이 사람이 아니면 절대 할 수 없다고 느껴졌던 분야를 해내고 있지만 소설 속 내용처럼 모든 것을 해낼 수 있는 기술은 아니라는 점을 명심해야 한다.

인공지능은 패턴을 파악해 답을 내놓지만 정확도 100%의 인공지능은 없다. 어떤 문장이 긍정인지 부정인지 정확도 95%의 정확도로 분류하는 인공지능 모델의 성능은 놀랍다. 그러나 이 모델이 학계에서는 인정받을지라도 20번에 1번 틀리는 '서비스'는 상용화될 수 없다. 이런 신뢰성 문제로 인해 조금 틀려도 상관없는 상품 추천 시스템에 인공지능이 가장 활발하게 적용돼 쓰이고 있으며, 이 외의 분야에는 인공지능이 사람을 도와주는 역할을 하고 있다.

아직까지 인공지능 모델을 실제 서비스에 적용하기에는 연산비용 역시 적지 않다. 클라우드를 이용한다고 하더라도 필요한 연산량이 너무 많아서 비용이 많이 든다. 따라서 최근에는 성능은 비슷하게 유지하면서도 스마트폰 같은 기기에서도 빠르게 연산이 가능하도록 모델을 경량화하는 연구가 많이 진행되고 있다. 기기에서 바로 연산을 한다고 해서 온디바이스on-device AI라고 불리고 있으며, 관련 스타트업이 증가하고 있는데 이는 인공지능의 상용화가 멀지 않았음을 보여준다.

최근에는 인공지능 내부의 작동원리를 설명하고 이를 응용하려는 설명 가능한 인공지능^{XAI, eXplainable Artificial Intelligence}이 각광받고 있다. 그동안 인공지능이 좋은 성능을 냈음에도 불구하고 내부의 동작원리를 자세히 설명할 수 없어 신뢰성에 의심을 받아왔다. 특히 금융처럼 의사결정의 영향력이 큰 경우 신뢰성 문제는 더욱 커진다. XAI 연구를 통해 간접적으로나마 인공지능 모델 내부의 유용한 정보를 얻어 신뢰성을 높일 수 있으며, 이는 인공지능의 대규모 상용화 전 필수적으로 선행돼야 할 영역이다.

컴퓨터 비전 인공지능

컴퓨터 비전은 디지털 이미지와 영상 같은 시각 데이터를 처리하는 기술이다. 컴퓨터는 이미지를 그림으로 보는 것이 아니라 픽셀의 RGB 값으로 인식한다. 즉 컴퓨터에게 이미지란 시각정보가 아니라 숫자의 나열인 셈이다. 컴퓨터 비전 인공지능은 이 숫자의 나열에서 정보를 추출한다. 메타버스의 3차원 세계를 구성하는 것도 모두 컴퓨터 비전의 영역이다. 앞서 딥러닝 대중화의 시초가 된 이미지 인식 대회도 컴퓨터 비전 알고리즘을 겨루는 대회였다. 이 대회에서 인공지능이 기존의 컴퓨터 비전 알고리즘을 크게 앞선 덕분에 컴퓨터 비전 인공지능은 인공지능 분야 중 가장 빠르게 대중화됐고 쓰임새가 높다.

컴퓨터 비전 인공지능은 이미지에서 각 세부 영역의 특징을 추출할 수 있는 합성곱 신경망^{CNN} 알고리즘을 활용해 정확도를 높여왔다. 합성곱 신경망은 이미지에서 각 영역의 패턴을 인식하는 방법으로 물체 사이의 경계면을 인식해 낼 수 있고, 이런 경계면을 조합해 물체의 특성을 추출해 낼 수 있다. 물체의 종류와 형태는 무수히 많기 때문에 정확도를 올리기 위해서는 엄청나게 많은 이미지가 필요하다. 다행히 이미 많은 이미지로 학

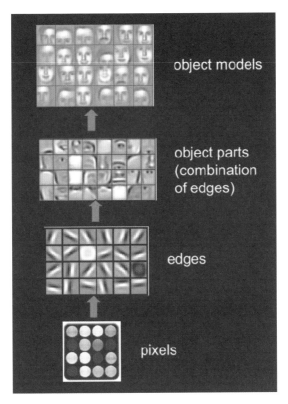

그림 3.5 합성곱 신경망(CNN)이 작동하는 방식 예시.[3] 그림에서 가장 먼저 모서리를 찾고 이를 모아 작은 형태를 찾은 다음 이를 바탕으로 큰 형태를 구성한다.

---

3   Jonathan Laserson, "From Neural Networks to Deep Learning: zeroing in on the human brain", XRDS, 2011

습해 물체의 특성을 잘 담고 있는 인공지능 모델에 자신이 원하는 부분을 살짝 튜닝해주는 전이학습^{transfer learning}이 일반화되며 과거에 비해 높은 정확도의 모델도 비교적 저렴한 비용으로 활용할 수 있게 됐다.

인간은 많은 정보를 시각에 의존해 받아들이기 때문에 컴퓨터 비전 인공지능은 메타버스 세계를 구성하기 위해 가장 빨리 그리고 많이 연구되는 분야다. 많은 VR 기기는 시각정보를 제공하는데 이러한 VR 기기 내의 디지털 세계를 현실감 있는 콘텐츠로 만드는 데도 모두 컴퓨터 비전 인공지능이 사용된다.

이미 영화의 CG^{Computer Graphic} 장면은 과거 10년 동안 매우 발전해 이제는 이야기를 꺼내지 않는 이상 특정 장면이 CG인지 아닌지 구분하기가 힘들 정도다. 수많은 사람의 데이터를 바탕으로 학습된 인공지능 모델을 통해 실제로 존재하지 않는 사람의 모습임에도 진짜 사람과 유사한 디지털 휴먼을 만들어낼 수 있다. 단순히 이미지를 만들어내는 것뿐만 아니라 이를 실제 공간에서 바라보는 것처럼 3차원으로 바라볼 수도 있고, 이들이 말할 때 내는 자연스러운 입 모양과 눈썹의 움직임도 모두 구현할 수 있다. 이들이 취하는 다양한 표정과 행동뿐만 아니라 현실 세계에서 활동하는 듯한 사진 모두 컴퓨터 비전 인공지능이 필요하다. 제페토의 아바타 역시 많은 부분 컴퓨터 비전 인공지능을 통해 구현됐다. 사실 제페토의 3D 아바타 서비스는 카메라 소셜미디어였던 스노우^{SNOW}에서 사진을 찍으면 얼굴 위에 귀나 수염을 붙여주는 서비스로 시작됐는데, 이 기능이 인기를 끌면서 별도의 앱으로 출시된 것이다. 내 얼굴 사진을 찍으면 얼굴의 각 부분을 인식하고 이와 유사한 얼굴을 만들어주는 데 인공지능 기술이 사용된다.

이상탐지 기술은 기존의 패턴을 벗어나는 현상이 나타났을 때 이를 감지하는 기술이다. 산업계에서 이상탐지 기술은 컴퓨터 비전 인공지능을 사용해 시각정보로 불량품을 찾는 것이다. 사람의 인지기능은 항상 최상의 상태라고 하기 힘들지만 인공지능은 지치지 않고 인간이 할 수 있는 것보다 훨씬 많은 양을 검수한다. 이런 이상탐지 기술의 활약에 힘입어 2013년 생긴 국내의 이미지 기반 모니터링 시스템을 만든 수아랩Sualab은 2,300억에 미국의 코그넥스Cognex에 인수됐다.

그림 3.6 디지털 휴먼 이마(Imma)가 마치 현실에 있는 듯하다.[4]

4   출처: https://www.instagram.com/imma.gram/

이미지의 스타일을 바꾸거나 새로운 이미지를 생성하는 분야는 컴퓨터 비전 인공지능이 아니면 할 수 없는 수준이 됐다. 2014년 공개된 적대적 생성 신경망GAN, Generative Adversarial Network은 이미지 생성 분야의 혁명을 가져왔다. GAN은 흔히 경찰과 위조 지폐범으로 비교된다. 위조지폐범은 진짜와 구별하기 힘든 지폐를 만들기 위해 학습하고, 경찰은 진짜와 가짜를 구분하기 위해 학습한다. 서로 경쟁(적대적 학습)하다 보면 도둑이 만든 지폐는 점차 진짜 지폐와 구분할 수 없을 정도가 될 것이다. GAN 모델에서 도둑은 생성자generator, 경찰은 감별자discriminator라고 불리는 인공 신경망이며, 학습이 완료되면 위조지폐를 만드는 역할의 생성자를 가져와 실제와 같은 이미지를 만들거나 변형하는 것이다.

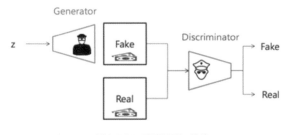

그림 3.7 GAN이 작동하는 방식

딥페이크deepfake는 GAN을 가짜fake 얼굴을 만드는데 사용한 것으로, 이를 활용하면 스턴트맨이 찍은 장면을 손쉽게 주연배우의 얼굴로 바꿀 수도 있다. 딥페이크를 통해 영상 속 사람의 얼굴을 다른 사람으로 쉽게 바꿀수 있다고 설명했는데, 문제는 이 기술이 포르노 영상에 사용됐기 때문이다. 포르노 영상의 인물 얼굴을 유명인의 얼굴로 바꿔 버렸는데 이것이

너무 진짜 같아 문제가 되는 것이다. 레딧Reddit과 트위터 등의 다양한 사이트에서 경각심을 갖고 딥페이크 영상 제공을 금지하고 있다. 또한 페이스북, 마이크로소프트, 아마존 등은 캐글Kaggle이라는 사이트를 통해 딥페이크 영상을 구별할 수 있는 인공지능으로 12억 규모의 상금을 내걸고 경진대회를 열기도 했다.[5] GAN은 다양한 분야에 응용되고 있으며 현재에는 얼굴 사진을 비슷한 강아지, 고양이 얼굴 모습이나 만화 캐릭터로 바꾸는 것뿐만 아니라 나이, 성별도 감쪽같이 바꿔버릴 수 있을 정도가 됐다.

그림 3.8 styleGAN. 가로축을 따라가면 피부색이 유사하며, 세로축을 따라가면 얼굴 스타일이 비슷하다. 모두 얼굴의 각 요소를 조절해 인공적으로 생성한 얼굴이다.

그림 3.9 얼굴을 이말년 웹툰 작가의 그림체로 변환[6]

이 무서운 딥페이크 관련 기술은 온라인에 무료로 오픈소스 코드가 공개돼 있어 약간의 지식만 있다면 누구나 제작할 수 있다. 그래서 딥페이크 음란물이 등장했고 문제가 발생한 것이다. 왜 이렇게 위험한 기술을 아무나 사용할 수 있게 했냐고 질문할 수도 있지만, 기술이라는 게 장점도 있고 단점도 있는데 딥페이크는 사람들이 안 좋은 방향으로 이용해 단점이 두드러져 보인다(똑같은 칼도 누구에게는 요리 도구로, 누구에게는 흉기가 될 수 있다). 사실 이런 오픈소스 덕분에 더욱 많은 사람이 좋은 연구개발을 할 수 있다는 장점도 있다.

확장현실XR, extended reality에도 컴퓨터 비전 인공지능은 필수적이다. 현실 세계의 시각 정보를 2차원 디지털 이미지로 옮기는 카메라를 통해 현

---

6   출처: https://github.com/bryandlee/malnyun_faces

실 세계 속 물체를 디지털 공간으로 옮길 수 있으며, 여러 장의 2차원 이미지를 통해 3차원 물체로 재구성하는 2D-to-3D 변환도 가능하다. 제한된 형태이지만 사람의 경우 한 장의 사진만으로도 3차원 이미지로 만들 수도 있다. 이런 기술이 모여 스마트폰으로 강아지 사진을 찍으면 스마트폰 화면 속에서 사진 속 강아지가 나와 걸어 다니는 AR 서비스가 된다. 메타버스에서 컴퓨터 비전 인공지능은 현실과 디지털 세계를 이어주는 가장 중요한 기반 기술이다.

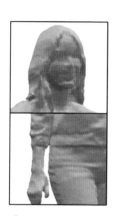

그림 3.10 2D 사진으로부터 재구성된 3D 사람의 형상[7]

혼합현실MR, mixed reality는 확장현실의 한 부분으로 현실 세계와 디지털 세계가 혼합돼 서로 간의 상호작용이 일어나는 세계다. 숙련이 필요한 분야의 교육이나 산업에서 동시에 여러 명이 제품을 디자인하기 위해 디지

7   Shunsuke Saito, Tomas Simon, Jason Saragih, Hanbyul Joo, "PIFuHD: Multi-Level Pixel-Aligned Implicit Function for High-Resolution 3D Human Digitization", IEEE Conference on Computer Vision and Pattern Recognition, 2020(출처: https://shunsukesaito.github.io/PIFuHD/)

털 세계를 이용하는 것이 혼합현실이다. 혼합현실에서는 디지털 세계가 원래 정해진 규칙이 아니라 사람과의 상호작용으로 인해 무수히 많은 변수가 생길 수 있다. 예를 들어 원격 헬스 트레이너 서비스의 경우 스마트폰으로 운동영상을 찍으면 인공지능이 이 포즈를 인식해 자세를 교정하는 데 도움을 준다. 이미지에 나오는 사용자의 옷이나 주변 환경에 관계없이 사용자의 신체를 인식해 포즈를 인식하는 것 역시 컴퓨터 비전 인공지능이 하는 역할이다.

그림 3.11 사람의 포즈를 인식하는 인공지능[8]

---

8   출처: https://usmsystems.com/human-pose-estimation-and-analysis-software-development/

컴퓨터 비전 인공지능은 제조업에서 시각적으로 불량품을 잡아 내는 곳에 사용되기도 하고, 의료 분야에서 의료 이미지를 바탕으로 질병 여부를 예측해 의사의 진단을 도와주기도 한다. 특히 최근 주목을 많이 받고 있는 분야로는 자율주행이 있다. 라이다^{LiDAR, Light Detection And Ranging}라는 기술은 빛을 발사하고 반사돼 돌아오는 정보를 이용해 주변의 3차원 지형을 구성할 수 있는 기술인데, 이렇게 재구성된 지형정보로부터 원하는 정보를 뽑아내는 곳에 컴퓨터 비전을 사용한다.

한편 컴퓨터 비전은 또한 이미지의 해상도를 올리는 데도 이용된다. 업스케일링^{upscaling}이라고 불리는 이 기술은 저화질의 이미지나 영상의 픽셀 사이에 새로운 픽셀을 삽입해 화질을 높여 주는 기술로, 데이터 양이 방대

그림 3.12 사진의 화질을 높여주는 인공지능⁹

---

9 출처: https://www.technipages.com/what-is-upscaling

한 이미지나 영상을 압축해 원하는 처리를 하거나 통신을 한 다음 실제 사용자의 눈 앞에 보일 때에만 해상도를 높여 부하를 줄일 수 있다.

자연어 처리

자연어natural language는 인공적으로 만든 컴퓨터의 언어와는 달리 사람들이 사용하는 한국어, 영어 같은 언어를 지칭하며, 자연어 처리란 컴퓨터에서 자연어를 처리해 유용하게 활용할 수 있는 기술이다. 자연어 처리를 이용하면 문서요약, 문장생성, 감성분석, 문서분류 등의 작업을 할 수 있다. 음성인식 역시 언어를 사용하는 점에서는 비슷하지만 자연어 처리는 주로 텍스트 파일을 다루고 있고, 음성인식은 오디오 파일을 다루고 있다는 점에서 차이가 있다. 인간에게는 텍스트나 음성이나 정보를 전달하는 수단이라는 점에서 동일하지만 컴퓨터 입장에서는 텍스트 정보와 음성 파동 신호는 다른 방식으로 처리한다. 따라서 두 분야는 서로 다른 방식으로 발전해 왔다. 음성 인공지능 중 하나인 음성인식을 통해 사람의 말을 텍스트로 바꾸고 난 후에는 자연어 처리 기술이 이용될 수 있으며, 최근에는 두 분야를 하나로 통합하려는 시도도 많이 일어나고 있다.

어떻게 컴퓨터가 사람의 말을 이해할 수 있을까? 사실 컴퓨터가 사람의 말을 그대로 이해할 수는 없다. 컴퓨터의 언어는 숫자이기 때문이다. 그렇기에 사람의 말을 숫자로 바꾸는 과정이 필요한데 이것이 임베딩embedding이다. 자연어 처리 기술의 역사는 임베딩의 역사라고도 볼 수 있으며, 수십 년의 자연어 처리의 역사도 최근 인공지능을 이용한 임베딩을 통해 급격히 발전하고 있다.

가장 간단한 임베딩 방법은 단어마다 숫자를 부여하는 방식이다. 다음의 표처럼 숫자를 배열하는데 이(1), 책은(2), 재미(3), 있다(4), 없다(5)를 순서대로 배열하고, 아래에는 해당 문장에 해당 단어가 몇 번 등장했는지 적는다면 '이 책은 재미있다'와 '이 책은 재미없다'는 각각 다음 표의 두 번째와 세 번째 줄인 [1, 1, 1 ,1 ,0, 0], [1, 1, 1, 0, 1, 0]으로 입력하는 식이다. 컴퓨터는 '책'이라는 단어가 무엇을 의미하는지 보는 것이 아니라 숫자의 배열만을 보고 학습하는 것이다. 직관적이고 단순한 방법이지만 이 방법은 문장의 유사도를 비교하는 데 쓰일 수 있다. 두 숫자 배열이 비슷하다는 것은 두 문장이 비슷한 단어로 이뤄졌다는 원리를 이용하는 것이다. 첫 번째와 두 번째 문장의 숫자 배열이 첫 번째와 세 번째 문장의 숫자배열보다 더 비슷한 것으로부터 첫 번째와 두 번째 문장이 더 유사함을 알 수 있는 원리다. 이 방법의 한계는 숫자 배열에서 원래 문장을 복원하기 어렵다는 데 있다. [0, 0, 1, 1, 0, 1]을 보면 '재미, 있다, 메타버스는'이라는 단어가 1번씩 등장한 걸 알 수 있지만 순서까지 알 수는 없다.

	이	책은	재미	있다	없다	메타버스는
이 책은 재미있다	1	1	1	1	0	0
이 책은 재미없다	1	1	1	0	1	0
메타버스는 재미있다	0	0	1	1	0	1

그림 3.13 간단한 자연어 처리 인공지능의 예시

이후 단어 사이의 맥락을 고려하는 word2vec(2013)[10]과 문장 전체의 맥락을 이해하는 transformer(2017)[11] 모델이 나오며 우리가 놀랄 만한 성능의 자연어 처리 서비스가 만들어지고 있다. 앞에 나온 임베딩 방법과는 다르지만 기본원리는 똑같다. 사람의 언어를 숫자로 바꾸고, 컴퓨터는 이 숫자를 처리해 우리가 원하는 작업을 하는 것이다. **더 좋은 모델은 더 좋은 임베딩 방법을 사용**하는 것이 차이점이다.

2018년 구글에서 공개한 BERT[12]는 뉴스기사를 정치, 경제, 연예 기사로 분류할 수 있을 뿐만 아니라 수능 언어영역 문제를 풀기도 하고 문장의 논리관계도 정확히 파악해냈다. 비슷한 시기에 OpenAI에서 GPT라는 모델을 공개했다. GPT 모델의 세 번째 버전인 GPT-3[13]는 사람이 묻는 질문에 정확히 대답해 주기도 하고 코딩을 대신해 주기도 한다. 스스로 소설이나 뉴스기사를 쓰게 한 다음 사람들에게 인공지능이 만들었을 것 같은 글을 골라내 보라고 했을 때 제대로 골라내지 못했다.

---

10 Tomas Mikolov, Kai Chen, Greg Corrado, Jeffrey Dean, "Efficient Estimation of Word Representations in Vector Space", Advances in Neural Information Processing Systems 26, 2013

11 Ashish Vaswani, Noam Shazeer, Niki Parmar, Jakob Uszkoreit, Llion Jones, Aidan N. Gomez, Lukasz Kaiser, Illia Polosukhin, "Attention is all you need", 31st Conference on Neural Information Processing Systems, 2017

12 Jacob Devlin, Ming-Wei Chang, Kenton Lee, Kristina Toutanova, "BERT: Pre-training of Deep Bidirectional Transformers for Language Understanding", Proceedings of the 2019 Conference of the North American Chapter of the Association for Computational Linguistics: Human Language Technologies, Volume 1(Long and Short Papers), 2018

13 Tom B. Brown, Benjamin Mann, Nick Ryder, Melanie Subbiah, Jared Kaplan, Prafulla Dhariwal, Arvind Neelakantan, Pranav Shyam, Girish Sastry, Amanda Askell, Sandhini Agarwal, Ariel Herbert-Voss, Gretchen Krueger, Tom Henighan, Rewon Child, Aditya Ramesh, Daniel M. Ziegler, Jeffrey Wu, Clemens Winter, Christopher Hesse, Mark Chen, Eric Sigler, Mateusz Litwin, Scott Gray, Benjamin Chess, Jack Clark, Christopher Berner, Sam McCandlish, Alec Radford, Ilya Sutskever, Dario Amodei, "Language Models are Few-Shot Learners", Advances in Neural Information Processing Systems, volume 33, 2020

많은 언어 처리 인공지능이 영어를 기반으로 만들어졌지만 한국어에서도 잘 작동한다. 국내 스타트업인 스켈터랩스에서 만든 인공지능 기반의 챗봇인 '이루다' 서비스는 채팅으로 가상의 인물과 대화를 나누는 서비스다. 표준어뿐만 아니라 실제 사람들이 메신저에서 쓰는 구어나 이모티콘을 포함한 수백 기가바이트의 채팅 데이터를 활용해 학습했는데, 실제로 채팅하다 보면 진짜 사람과 대화하고 있는지 아닌지 구분할 수 없을 정도다. 회사에서는 말동무가 되어주길 기대하며 만들었지만, 일부 사용자는 이를 악용해 실제 사람에게는 할 수 없는 요구를 하며 악용하기도 했다. 결정적으로 데이터 프라이버시를 준수하지 않은 회사의 잘못으로 서비스는 막을 내리게 됐지만 인공지능 언어 처리가 어느 정도의 성능을 낼 수 있는지 확인해볼 수 있었다.

현실 세계에서 쇼핑을 하기 위해 가게에 들어가면 주인이 손님을 맞이하고 자신이 판매하는 제품을 소개한다. 디지털 세계에 현실과 유사한 가게가 있다면 그 곳의 주인도 손님을 맞이하고 제품을 소개할 것이다. 현실에서는 사람이 하는 이 역할을 디지털 세계 내에서는 디지털 휴먼이 대체할 것이다. 사람이 몇 번의 시범만 보여준다면 인공지능은 이 패턴을 학습해 주인의 역할을 대신할 수 있다. 이커머스에서 사용하는 규칙 기반의 챗봇 서비스는 이런 서비스의 초기 모습을 보여준다. 아직까지는 이미 정해진 규칙대로만 대화가 가능하지만 챗봇이 활성화되고 데이터가 쌓일수록 더욱 사람 같은 챗봇을 만들 수 있을 것이다.

지금까지 상용화된 인공지능 서비스는 일어날 수 있는 거의 모든 경우의 수를 통해 학습된 모델을 이용하는 경우가 경우가 대부분이다. 그러나 분명한 것은 대부분의 경우 사람이 **인공지능에게 일어날 수 있는 모든 경우의 수를 다 가르쳐 줄 수 는 없다**는 점이다. 그렇게 하기에는 데이터의 양이 많아 수집하고 이를 분류하는 작업에 드는 시간과 비용이 매우 컸다. 다행히 최근 언어 처리 인공지능의 화두는 적은 데이터를 활용해 원하는 성능을 내는 모델을 만드는 것이다. 이를 few-shot 모델이라고 하며 대표적으로 GPT-3는 특정 문제에 대해서는 두세 번의 사례로 학습을 시켜도 그 규칙성을 파악해 새로운 상황에서 답변을 잘 할 수 있다.

자연어 처리는 텍스트 정보를 다루는 모든 것을 할 수 있지만 그중 가장 많이 사용되는 분야는 문장분류다. 특정 문장이 긍정인지 부정인지 분류하는 감정분석이나 뉴스기사가 사회, 스포츠, 연예 카테고리 중 어디에 속하는지 분류하는 게 이에 속한다. 나아가서 화자가 말한 의도를 파악하는 것도 분류에 속하는데, 의도를 파악하고 이에 대한 대답을 하는 것이 대화형 챗봇이다. 기존에도 문장을 분류하는 기술이 있었지만 자연어 처리 인공지능은 반어법 같은 미묘한 뉘앙스까지도 파악해 분류할 수 있다는 점에서 인공지능 이전의 모델보다 훨씬 나은 성능을 보여준다.

문장생성은 특정 키워드나 문장을 바탕으로 새로운 문장을 생성하는 기술이다. GPT-3는 몇 마디의 단어로도 뒷부분을 소설처럼 이어서 쓸 수 있다. 뉴스 역시 잘 만들어 낼 수 있는데 GPT-2(GPT-3의 이전 버전)를 만든 OpenAI는 이 기술이 가짜 뉴스를 생성하는 데 악용될 것을 우려해 초기에 학습된 모델을 공개하지 않았다가 시간이 흐른 후에 공개했다. 사람이 정해주는 것은 단 몇 개의 단어뿐이므로 뒤에 이어질 수 있는 문장은 다채로운데, GPT-3는 매번 새로운 문장을 잘도 만들어낸다. 단점이라면 어떤 문장을 만들어낼지 통제할 수 없다는 점이다.

2016년 마이크로소프트는 인공지능 챗봇 '테이^{Tay}'를 공개했다. 테이는 사람들과 잘 대화를 나누는 듯했으나 인종차별적인 발언을 했는데, 테이가 해당 단어의 의미를 이해하고 내뱉은 말은 아니다. 테이를 학습시키기 위해 준비한 텍스트 속에는 이 세상에 나올 수 있는 거의 모든 말이 다 들어가 있기 때문에 인종차별적인 말 역시 그 안에 있었을 것이다. 결국 24시간 만에 마이크로소프트는 테이를 비공개로 돌렸고 이 문제에 대해 사과했다.

문장생성 인공지능은 사람의 의도와 다르게 생성될 가능성이 아주 크기 때문에 중요한 문장을 생성하는 데는 쓰이지 못하고 있다. 다만 마케팅 문구를 생성하거나 창의적인 글귀가 필요할 경우에는 사람들이 생각지 못한 문구를 생성해주기 때문에 인기가 많다.

문서요약은 문장생성과 반대다. 문장생성이 짧은 어구나 문장을 긴 문장을 생성하는 반면, 문서요약은 긴 문장 또는 문서를 짧은 어구나 문장으로 변환하는 것이다. 문서요약은 많은 양의 정보를 압축해서 보여주는 것으로, 크게 원래 문서에서 핵심문장을 추출해 구성하는 추출요약과 사람이 하는 것처럼 문서를 다 읽고 새로운 요약문을 쓰는 생성요약이 있다. 생성요약은 자연스러운 문장으로 결과물이 나오지만 문장생성의 기능이 들어가기 때문에 문장생성과 유사하게 의도치 않은 문장이 생성될 위험이 있다. 반면 추출요약은 핵심문장을 뽑기 때문에 의도치 않은 문장이 나올 일은 없지만 군데군데 떨어져 있던 문장을 모았기 때문에 전체 글이 자연스럽게 이어지지 못한다는 단점이 있다.

자연어 처리는 텍스트가 잘 정제돼 있으며 문장의 패턴이 명확한 경우 정확도가 높아 쓰임새가 많다. 그러나 실제 사람들이 인터넷상에서 사용하는 단어와 말은 형태나 의미가 매우 다양하다. 맞춤법이나 띄어쓰기를 틀리더라도 일반인들이 글을 이해하는 데는 문제가 없지만 자연어 처리 인공지능은 아직 미리 정해진 형식의 글밖에 이해하지 못한다. 예를 들어 상품 리뷰의 경우 비문이 많으며 커뮤니티의 글 또한 커뮤니티 내부에서만 소통되는 은어로 가득 차 있다. 사람의 경우 몇 번 보면 이것이 대충 무슨 의미인지 알지만 인공지능은 몇 번이 아니라 적어도 수백, 수천 번은 봐야 그 의미를 이해할 수 있다. 이러한 일반화 및 추상화 능력을 키우고자 하는 few-shot 모델은 현재도 한창 연구가 진행되고 있는 분야다. 한편 인공지능이 인식할 수 있는 단어도 한계가 있다. 2019년 이전의 텍스트로 만들어진 자연어 처리 인공지능 모델은 코로나19를 잘 모르는 단어로 인식하고 큰 의미를 두지 않지만, 2020년 이후의 텍스트를 포함하는 모델은 코로나19에 대한 다양한 문장을 이해하고 활용할 것이다.

많은 데이터가 필요하지만 높은 정확도를 보이는 딥러닝이 컴퓨터 비전 인공지능에 적용한 지 약 10년이 됐지만 자연어 처리 인공지능에 제대로 적용한 지는 고작 5년이 안 된다. 특히 명확한 의미를 전달하는 언어를 90%의 정확도 정도로 제대로 이해하지 못한다는 점 때문에 실제 상용화된 경우도 많지 않다. 그러나 사람 수준의 언어능력과 비교하면 턱없이 모자랄지 몰라도 인간이 해야만 했던 많은 일을 도와줄 수 있을 정도로는 충분하다.

소셜 모니터링은 웹 데이터를 수집해 인터넷상에서 어떤 정보가 새롭게 떠오르는지, 정보가 어디서 어떻게 흘러가고 있는지 추적하는 기술이다. 여기에는 인터넷상의 데이터를 수집하는 기술뿐만 아니라 이를 가공해 수많은 데이터 중 **핵심적인 정보만 추출**하는 기술도 필요하다. 인터넷의 많은 데이터가 텍스트 형식으로 이뤄져 있기 때문에 정보를 추출할 때 자연어 처리 인공지능 기술을 사용한다. 메타버스상의 다양한 텍스트 데이터를 통해 정보의 흐름을 보고자 할 때도 자연어 처리 인공지능은 분명히 사용될 것이다.

자연어 처리 인공지능은 언어 같이 순서가 있는 데이터를 다루는 기술이다. 시간에 따라 변화하는 현상을 보고 미래에는 이렇게 되리라고 예측하는 시계열 예측 역시 자연어 처리 기술에 쓰인 기술을 그대로 쓸 수 있으며, DNA의 단백질 구조의 역할을 밝히는 데도 쓸 수 있다. 고객의 행동 역시 순서가 있는 데이터다. 고객이 이런저런 행동 다음에 무슨 행동을 할지 예측하거나 이러한 순서로 상품을 봤을 때 이 다음에는 어떤 상품을 볼지 예측하는 것도 모두 순서가 있는 데이터를 예측하는 기술이다. 고객의 행동을 보고 적절한 행동이나 상품을 추천해주는 추천 시스템 역시 자연어 처리 기술이 적용되는 사례다.

OpenAI는 이미지의 픽셀 정보를 순서대로 나열한 다음 자연어 처리의 언어생성에 쓰는 GPT 모델을 적용시켜봤다. iGPT$^{image\ GPT}$라 불리는 이 기술은 이미지의 절반을 가려도 나머지 절반의 픽셀 정보를 잘 생성해냈다. OpenAI는 나아가서 똑같은 모델에 텍스트와 이미지를 동시에 집어 넣어 텍스트로부터 이미지를 생성하도록 하는 DALL-E를 만들었다. 대부분의 인공지능 모델이 그렇듯이 DALL-E 모델도 다양한 연구자에 의

해 오픈소스의 형태로 구현돼 있어 손쉽게 이용할 수 있다.[14]

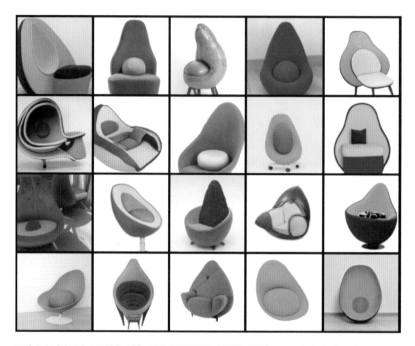

그림 3.14 '아보카도 모양을 닮은 의자. 아보카도를 모방한 의자(an armchair in the shape of an avocado. an armchair imitating an avocado)'라고 입력했을 때 DALL-E가 생성한 이미지

DALL-E의 사례에서 볼 수 있듯이 인공지능은 콘텐츠 생성의 양과 질을 모두 올릴 수 있다. 디지털 세계에서는 누구나 손쉽게 말 한마디로 새로운 창작물을 만들어 낼 수 있고 이를 세계 내에서 자유롭게 이용할 수 있다. 추후 3D 프린터와 결합한다면 이렇게 생성된 콘텐츠를 현실 세계로 가져오는 것도 가능하다.

---

14 한 예로 lucidrains(https://github.com/lucidrains/DALLE-pytorch)의 구현체가 있으며, 해당 연구자는 이외에도 다양한 최신 논문을 구현해 공개하고 있다.

오디오 인공지능

오디오 인공지능은 소리를 다루는 인공지능 분야다. 대체로 인간의 음성을 다룬 경우가 많았기 때문에 음성인식, 음성합성 인공지능으로 더욱 많이 알려져 있다. 사람 말을 알아듣는 인공지능 스피커나 아이폰의 시리, 갤럭시의 빅스비가 오디오 인공지능을 활용한 사례다. 이외에도 오디오 분야는 음악이나 산업계의 소리기반 이상탐지 같은 분야에도 쓰이고 있다.

스마트 스피커가 작동하는 방식을 살펴보자. 스피커는 마이크를 통해 소리를 수집하는 데 여기에는 일상 생활 속의 다양한 잡음이 섞여 있다. 가장 먼저 우리가 원하지 않는 데이터를 지우고 원하는 형식으로 만드는 오디오 전처리가 이뤄진다. 이후 실제 음성이 포함된 영역을 찾아내는 일을 수행하고, 그중에서 스피커를 작동시키는 특정 어구가 언급됐는지 찾는다. 음성 인식의 메인 모듈은 연산량이 많기 때문에 모든 음성을 항상 인식하고 있기보다 특정 어구가 언급되는 것 같이 특정 조건을 통과한 경우에만 작동시키는 방식이 효율적이기 때문이다. 이렇게 스피커 작동 명령이 떨어지면 그 이후 실제 음성인식 모듈이 작동해 음성을 텍스트로 바꿔준다. 오디오 전처리와 음성 구간 탐지 및 키워드 탐색은 스피커 자체에서 수행하기에 큰 무리가 없지만 연산량이 많은 음성인식 모듈은 높은 정확도가 요구되는 경우 주로 클라우드 시스템을 통해 이뤄진다.

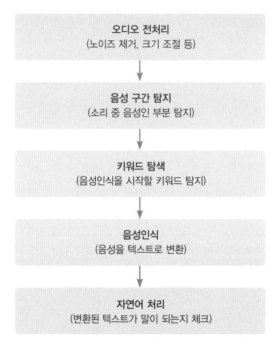

그림 3.15 음성인식 처리 과정

오디오 인공지능은 우선 소리를 컴퓨터가 이해할 수 있는 숫자로 바꿔야 한다. 소리는 파동의 형태이기 때문에 파동의 시간 또는 주파수에 따른 특성을 추출한다. 이후 숫자로 바뀐 오디오 신호로부터 우리가 원하는 특징을 추출하는데 음성인식의 경우 문장을 구성하는 음절이나 단어를 구분하고, 음악의 경우 각각의 음을 분리해 내는 것이다. 마지막으로 이렇게 추출된 결과물을 이어 붙여 하나의 문장으로 완성하거나 음악을 재구성해 활용한다.

오디오 인공지능 중 가장 활용도가 높은 음성인식speech recognition은 음성을 텍스트로 바꾸는 것으로 흔히 STTSpeech-To-Text라고 불린다. 실제 음성은 파동으로 이루어져 있지만 컴퓨터가 이해할 수 있는 숫자로 바꾸기 위해 음성을 아주 짧은 시간(약 25ms)으로 자른 후 각 시간 영역에서 주파수의 세기를 조사해 그림으로 나타낼 수 있다. 이렇게 바뀐 음성 데이터를 숫자로 바꾼 후 텍스트 데이터와 연결시키는 여러 방식이 제안됐다. 최근에는 자연어 처리 인공지능에 사용되던 트랜스포머transformer 알고리즘이 사용되기도 하며, 변환한 데이터를 다음에서 보는 이미지로 나타낼 수 있다는 점에 착안해 이 이미지에 컴퓨터 비전 인공지능을 사용하는 사례도 늘고 있다.

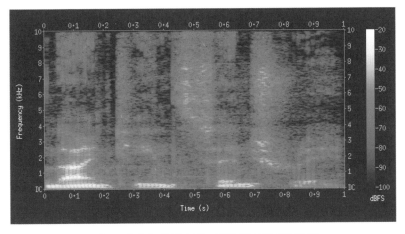

그림 3.16 음성정보를 주파수로 나타낸 다음 시각화한 이미지

음성인식은 사람의 음성으로부터 텍스트로 된 문장을 만들어 내고, 해당 문장에서 각 단어를 인식해 사용자가 무엇을 원하는지 파악한다. 예를 들어 '고맙습니다'라는 말을 들으면 오디오 인공지능 모델은 이를 'ㄱㅗㅁㅏ ㅂㅅ_ㅂㄴㅣㄷㅏ'의 낱소리로 인식하고 이를 붙여 단어를 구성한다.

그런데 사람마다 발음이 완전히 깔끔하지 않은 경우도 있기에 '고우맙습니다'나 '고맙습니다'로 인식할 수도 있다. 이는 앞에서 학습한 자연어 처리 기술로 그러한 단어보다는 '고맙습니다'라는 단어일 확률이 높다고 알려주고, 이렇게 텍스트로 문장이 바뀌고 나면 그 속에서 화자의 의도나 말하고자 하는 정보를 알아낼 수 있다. 이를 통해 회의 속기록을 대신 작성해주는 서비스도 있다.

컴퓨터 비전에서는 이미 많은 양을 사진에서 특성을 추출해 놓거나, 자연어 처리에서는 많은 양의 텍스트 데이터를 학습한 기본 모델을 두고 원하는 과제를 수행하기 위해 살짝 조율하는 전이학습이 기본으로 자리잡고 있다. 최근에는 음성인식에도 전이학습의 추세가 나타나고 있다. 페이스북의 wav2vec2(2020)[15]는 텍스트가 매칭되지 않은 수만 시간의 음성 데이터를 학습시킨 뒤 텍스트가 함께 있는 음성 데이터를 10분 정도만 튜닝해줘도 아주 높은 성능을 보여준다는 결과가 있다.

한편 음성을 텍스트로 바꾸지 않고 그대로 활용하는 연구도 활발하다. 음성만의 특징인 억양과 톤은 화자의 감정을 드러내는 주요한 요소인데 텍스트로 바꾸는 과정에서 사라지기 때문이다. '고맙습니다'라는 말도 정말 감사할 때와 비꼴 때의 억양과 톤은 다른데, 텍스트만 봤을 때는 이것을 파악하기 어렵다. 따라서 이 연구는 음성에서 얻을 수 있는 모든 정보의 추출을 위해 텍스트 단계를 거치지 않고 음성 자체로부터 화자의 의도와 감정을 추출하려는 시도다.

---

15 Alexei Baevski, Henry Zhou, Abdelrahman Mohamed, Michael Auli, "wav2vec 2.0: A Framework for Self-Supervised Learning of Speech Representations", arXiv preprint arXiv:2006.11477, 2020

최근에는 텍스트를 음성으로 변환하는 TTS^Text-To-Speech, 즉 음성합성 기술이 각광을 받고 있다. 음성합성은 미리 학습한 특정인의 음성 모델이 있을 경우 텍스트만 입력하면 그 인물의 목소리로 자연스럽게 텍스트를 읽어주는 것이다. 텍스트를 입력함으로써 한 사람이 자유롭게 타인의 목소리를 내는 것도 가능하며, 목소리를 변환하는 것도 가능하다. 목소리의 높이, 길이를 조절할 수도 있으며 억양과 톤 자체를 바꾸는 것도 가능한데, 놀라운 점은 하나의 모델이 이를 수행함에도 이것이 수정된 목소리라는 사실을 알아 챌 수 없을 정도로 정교하다는 것이다. 따라서 메타버스내에서 음성합성 기술의 활용도는 매우 높다. 영어 음성을 듣고 텍스트를 인식한 후(STT 기술) 한국어로 바꾼 다음(자연어 처리 번역 기술) 한국어를 음성으로 내보내는(TTS 기술)이 결합된 자동 통역 서비스도 가능한데, 이는 글로벌 메타버스 세계를 이어주는 매개체가 될 것이다.

음성합성과 컴퓨터 비전 인공지능으로 만들어진 디지털 휴먼이 합쳐져 실제 아나운서가 방송하는 것처럼 선보인 사례도 있다.[16] 이를 활용하면 실제 아나운서가 촬영하는 상황에 비해 시간, 인원, 비용면에서 자원을 대폭 절약할 수 있다. 멀지 않은 미래에 홍보 영상, 오디오북과 챗봇 그리고 메타버스 내의 캐릭터는 이러한 음성합성 기술을 사용하게 될 것이다.

음성 분야 외에도 음악 산업에서도 오디오 인공지능이 많이 쓰이고 있다. 대표적으로 2006년 스웨덴에서 설립된 미디어 스트리밍 서비스를 제공하는 스포티파이^Spotify가 있다. 3억 5천만 명이 사용하는 이 서비스는

---

16 출처: https://www.aitimes.kr/news/articleView.html?idxno=18342

6000만 곡 이상의 음원을 바탕으로 한 세계 최대 음원 스트리밍 서비스를 제공하는데, 특히 사용자 취향에 맞는 추천음악과 양질의 플레이 리스트로 유명하다. 이들은 음악 오디오 파일과 부가 정보로부터 음악의 특징을 추출해 고객의 취향에 맞는 플레이 리스트를 제공한다. 음성 인공지능에 비해 음악 인공지능은 비교적 관심을 덜 받아왔지만, 엔터테인먼트와 음원시장의 급부상으로 많은 엔터테인먼트 회사가 음악 인공지능 시장을 선점하기 위해 뛰어들고 있다. 국내의 하이브(구 빅히트 엔터테인먼트) 역시 오디오 인공지능에 대한 투자와 연구개발을 활발히 수행하고 있다.

빅데이터와 초개인화 서비스

현대인은 생활의 대부분을 스마트폰과 함께 하고 있기 때문에 대부분의 활동이 디지털 세계 어딘가에 기록된다. 하나하나의 행동과 결정이 기록으로 남는다. 친구와 대화하다가 생기는 잠깐의 침묵조차도 기록으로 남게 된다. 인공지능은 이 기록을 바탕으로 **빅데이터 처리를 통해 사람들의 행동을 분석한다.** 이를 통해 유튜브에서 새로운 영상을 추천해주듯 메타버스를 만든 이들은 사용자들을 더욱 오래 붙잡아 둘 수 있는 신호를 보낸다.

　기업의 입장에서 고객이 보내는 모든 메시지를 모두 기록으로 남겨 둘 수 있다는 것은 매우 큰 장점이다. 고객의 행동 패턴을 파악할 수 있다면 그들의 구미를 당길 만한 서비스를 제공해 더욱 고객의 마음을 끌 수 있기 때문이다. 슬플 때 위로의 말을 건네준다면 솔깃하지 않을까 싶다. 그렇기 때문에 모든 데이터가 한 곳으로 모일 수 있는 하나의 큰 메타버스가 구성되는 것은 매우 위험한 일이기도 하다.

인공지능은 초개인화 서비스를 가능하게 한다. 과거에는 인구역학적으로 분석한 결과를 바탕으로 상품을 추천했다면 이제는 각 사람이 보이는 행동패턴을 보고 그 사람에게 상품을 추천한다. 같은 30대 남성이라도 빨간색을 좋아하는 사람에게는 빨간색 제품을, 파란색을 좋아하는 사람에게는 파란색을 추천하는 것이다. 다시 말해 항상 나를 따라다니며 유심히 관찰하는 비서가 있다면 항상 내 취향에 따라 일정을 조정하고 상품을 추천해줄 텐데, 이것을 비서가 아닌 인공지능 알고리즘으로 수행하는 것이다. 한 사람에 한 명씩 비서를 둬서 해야 할 일을 인공지능이 자동으로 하는 셈인데, 결국 **초개인화도 인공지능의 자동화 기술의 한 갈래**인 것이다.

과거에는 개개인의 특성에 맞춰 각각에 맞는 서비스를 제공하기 어려웠다. 그러나 스마트폰의 사용과 더불어 많은 서비스가 디지털로 전환되며 데이터가 급격하게 증가해 개개인의 특성을 파악하고 행동을 예측하는 것이 어느 정도 가능해졌다. 여기에 인공지능은 각각이 좋아할 만한, 당신만을 위한 상품 제작을 가능하게 했다. 스마트폰 화면에 내 얼굴을 가진 캐릭터를 만드는 게 가능해졌고, 내가 원하는 공간을 구성하는 게 가능해졌고 내가 원하는 옷을 입는 게 가능해졌다. 과거에는 서비스하는 회사에서 만든 상품 중에서 선택을 했다면 이제는 창작이 가능해진 것이다. 인공지능 덕분에 이렇게 자유도가 높은 서비스가 가능하게 됐다. 완전히 초개인화된 서비스는 고객이 서비스를 접했을 때 마치 자신을 잘 아는 친구를 만난 듯 거부감이 없어야 하며, 이 서비스는 오직 나만을 위한 것이라는 느낌을 받게 해야 한다.

대표적인 초개인화 서비스는 유튜브의 영상 추천이나 스포티파이의 음원 추천 그리고 각종 커머스의 상품 추천과 플랫폼의 뉴스 추천 등이 있다. 뤼이드^{Riiid}의 산타 토익을 비롯해 다양한 교육 분야에서 자연어 처리를 포함한 다양한 인공지능을 활용해 사용자의 학습패턴을 분석하고, 세부 분야별로 부족한 부분이 있으면 이에 대한 학습을 유도하기도 한다.

초개인화는 프라이버시라는 윤리적 문제를 일으키기도 한다. 개인별 맞춤 서비스를 하기 위해서는 그 사람을 파악하기 위한 데이터가 필요하다. 비서가 있다면 항상 내 옆에서 나를 관찰하겠지만 모든 부분을 보기는 어려울 것이다. 그러나 가상 세계에서는 내 행동 하나하나가 기록에 남는다. 물론 고객의 동의를 받은 영역까지만 정보를 수집하겠지만, 정보 수집 범위는 일반적으로 상상하기 힘든 훨씬 세밀한 영역까지 포함될 것이다. 덕분에 인공지능은 내가 언제 무엇을 할지 예측할 수 있다. 예를 들어 "낮에 대화하는 중에 말이 꼬이는 상황이 많이 나온 날은 저녁에 옷 쇼핑을 많이 한다." 같은 패턴은 이러한 데이터를 바탕으로 하는 것이다. 내 머릿속을 읽고 있다면 내 행동을 특정한 방식으로 바꾸는 것도 가능할 것이다. 좋을 때는 좋지만 해당 정보는 얼마든지 부적절한 방법으로 이용될 수 있다. 이미 구글과 페이스북은 우리의 행동패턴에 맞춰 광고를 하고 있다.

현실적으로 메타버스를 구성하는 주체가 이러한 정보를 수집할 수 없게 막을 수는 없다. 디지털 세계에서 생겨나는 정보의 종류와 양이 매우 광범위하고 다양하기 때문이다. 하나의 대안은 메타버스 내의 데이터를 다양한 주체에 의해 관리되게 하는 방식이다. 이는 추후 블록체인 부분에서 더 다루도록 한다.

한편 초개인화가 그리는 가상 세계가 그리 밝지만은 않을 수도 있다. 극단적인 초개인화는 개인 간의 단절을 유발할 수도 있기 때문이다. 현대 인들의 심리를 표현하는 말 중에 '혼자 있고 싶지만 같이 있고 싶다'라는 표현이 있다. 혼자가 편하지만 또 커뮤니티를 이루고 싶어하는 심리를 말한다. 인공지능은 같이 있을 사람도 가상으로 만들어 낼 수 있다. 같이 있는 것 같지만 혼자인 세상이 되지 않기 위해 경계해야 할 것이다.

: 블록체인

블록체인의 등장

블록체인은 분산 컴퓨팅을 통한 데이터 위변조 방지 기술이다. 온라인 쇼핑을 할 때 우리는 은행이나 핀테크 업체의 금융시스템을 이용한다. 금융시스템은 대체로 잘 작동하지만 가끔씩 큰 사고가 터지기도 하는데, 이는 대개 금융시스템을 관리하는 조직 내부의 문제인 경우가 많다. 2018년 삼성증권은 직원들에게 1주당 1,000원을 배당해야 하는데 실수로 1,000주(당시 4천만 원 상당)를 배당해 이를 받은 직원들이 주식을 내다 팔면서 삼성증권 주식이 급락한 사건이 있었다. 이 사건을 계기로 사람들은 "증권사에서 주식 수를 조작해 시세를 조종할 수 있겠구나."라고 생각하게 됐으며, 신뢰가 중요한 금융시스템이 하나의 집단에 의해 운용되면서 그들의 입맛에 맞게 조작 가능하다는 사실을 알게 됐다.

사토시 나카모토Satoshi Nakamoto라는 가명의 인물은 디지털 세계에서 중앙화된 하나의 집단을 통해서만 금융 거래를 해야 하는지에 대해 의문을 던졌다. 2008년 「Bitcoin: A Peer-to-Peer Electronic Cash System」이라는 짧은 논문을 통해 금융 거래 시 중앙화된 집단을 통하는 대신 개인 대 개인으로 바로 거래할 수 있는 시스템을 고안했다. 현실에서 개인 대 개인으로 현금 거래하듯이 디지털 세계에서도 당사자들끼리 직접 거래하게 되면 문제가 생길 일이 없게 될 것이기 때문이다. 그러나 거래하는 두 주체가 신뢰할 만한 사람인지, 올바른 방식으로 거래를 하는지 검증해줄

Bitcoin: A Peer-to-Peer Electronic Cash System

Satoshi Nakamoto
satoshin@gmx.com
www.bitcoin.org

Abstract. A purely peer-to-peer version of electronic cash would allow online payments to be sent directly from one party to another without going through a financial institution. Digital signatures provide part of the solution, but the main benefits are lost if a trusted third party is still required to prevent double-spending. We propose a solution to the double-spending problem using a peer-to-peer network. The network timestamps transactions by hashing them into an ongoing chain of hash-based proof-of-work, forming a record that cannot be changed without redoing the proof-of-work. The longest chain not only serves as proof of the sequence of events witnessed, but proof that it came from the largest pool of CPU power. As long as a majority of CPU power is controlled by nodes that are not cooperating to attack the network, they'll generate the longest chain and outpace attackers. The network itself requires minimal structure. Messages are broadcast on a best effort basis, and nodes can leave and rejoin the network at will, accepting the longest proof-of-work chain as proof of what happened while they were gone.

1. Introduction

Commerce on the Internet has come to rely almost exclusively on financial institutions serving as trusted third parties to process electronic payments. While the system works well enough for most transactions, it still suffers from the inherent weaknesses of the trust based model. Completely non-reversible transactions are not really possible, since financial institutions cannot avoid mediating disputes. The cost of mediation increases transaction costs, limiting the minimum practical transaction size and cutting off the possibility for small casual transactions, and there is a broader cost in the loss of ability to make non-reversible payments for non-

그림 3.17 2008년 블록체인의 시초인 비트코인을 최초로 공개한 논문

중간 시스템이 필요하다. 이 시스템에서 바로 거래 기록을 블록화해 계속해서 저장해 나가는 블록체인의 개념이 나오게 된다.

블록체인의 개념을 처음으로 소개한 논문에서 신뢰도 높은 전자결제를 위한 방법으로 비트코인이 소개된다. 논문에서 '블록'과 '체인'이라는 단어가 나오긴 하지만 '블록체인'이라는 하나의 단어로 사용하고 있지는 않다. 이후 블록체인은 비트코인 논문에서부터 시작해 공유원장(참여자 모두가 공유하는 기록장)을 이용하는 시스템을 의미하게 됐다.

비트코인은 시스템을 이용하는 사람들이 모두 공유하는 거래 기록장을 만들고 모든 참여자와 함께 이 기록장을 업데이트해 나간다. 기록장에는 여러 개의 기록을 한데 묶어 저장하는데 이 묶음을 블록이라 부른다. 이 블록을 순서대로 정렬하기 위해 표시를 해뒀기 때문에 누구라도 이 기록을 보면 블록을 원래 순서대로 펼쳐 볼 수 있다. 마치 블록을 순서대로 연결했다고 해서 블록체인으로 부르는 것이다. 만약 블록체인상에서 운영되는 금융시스템에서 블록의 순서가 뒤바뀐다면 누군가 이미 쓴 돈을 안 쓴 것으로 파악하고 또 다른 곳에 쓰는 이중지불 문제가 발생하기 때문에 순서를 유지하는 것이 매우 중요하다.

또 하나 중요한 것은 누구나 이 블록에 거래기록을 할 수 있는데 이에 대다수의 참여자가 찬성해야 한다는 점이다. 이러한 거래 기록이 잘되고 있는지 감시하는 사람들이 있고, 이 사람들에게 **일에 대한 보상으로 지급하는 것이 바로 암호화폐**로 그중 대표적인 것이 비트코인이다. 거래기록을 분산화해 다양한 사람이 이를 보고 서로 감시를 통해 업데이트해 나간다면 꼭 중앙화된 기관이 아니라도 디지털 세계 속 개인 대 개인의 거래가 가능하다는 논리다. 사토시의 논문에는 블록을 이어나간다는 개념은 있지만 정작 '블록체인'이라는 단어는 없는데, 그의 논문은 블록체인 기술이 아니라 결제 시스템에 관한 논문이기 때문이다. 현재에는 사토시의 바람대로 비트코인은 어느 정도 화폐의 기능을 하고 있다.

실질적 가치의 부재로 많은 비판을 받은 비트코인은 2008년 논문이 나온 이래 2021년 현재까지 그 기능을 잘 수행하고 있다. 비트코인은 역으로 달러와 원화 같은 법정화폐의 가치에 대한 의문을 제기하며 지속적으로 성장해가고 있다. 글로벌 결제 플랫폼인 페이팔^{Paypal}은 비트코인 송금을 지원하고 미국의 시카고 상품거래소^{CME}는 일찍이 비트코인 선물거래 상품을 내놓아 제도권 내에서 다루고 있다. 엘살바도르는 2021년 6월 전 세계에서 최초로 비트코인을 법정화폐로 인정했다. 엘살바도르는 비트코인을 통해 달러에 대한 의존도를 낮추면서도 자국 내 금융서비스의 접근성을 크게 높이는 것을 목표로 한다고 밝혔다. 이처럼 경제 기초 체력이 약하며 금융시스템이 불완전한 중남미 국가에서 하나의 대체재로서 비트코인을 적극적으로 채택하려는 움직임을 보이고 있다. 이들은 비트코인의 많은 부작용에도 불구하고 그들의 금융시스템이 너무나도 열악하기 때문에 이를 타개하고자 이러한 실험을 하게 된 것으로 보인다. 엘살바도르의 경우 미국에서 본국으로 송금하는 금액이 수출액보다 많은데, 이는 GDP의 24%에 해당하며 은행계좌가 없는 국민의 비율도 70% 정도다.[17]

---

17 출처: https://www.hankookilbo.com/News/Read/A2021070919250005735

단순히 화폐 기능에 초점을 맞춘 비트코인의 블록체인을 확장시켜 현재의 블록체인의 붐을 일으킨 것은 비탈릭 부테린^{Vitalik Buterin}의 이더리움^{Ethereum}이다. 이더리움은 분산화된 기록 시스템이라는 비트코인의 철학에 스마트 컨트랙트^{smart contract}의 개념을 도입해 분산화된 응용 프로그램^{dApps, Decentralized Applications}의 시대를 열었다. 이는 블록체인을 단순히 거래기록을 담는 수준에서 **다양한 앱을 구동할 수 있는 수단**으로 만들었기 때문이다. 실제로 2017년 이후 이더리움의 스마트 컨트랙트를 이용한 서비스를 개발하는 스타트업이 비약적으로 증가했으며, 관련된 암호화폐 발행이 급증하게 되면서 암호화폐의 투자 열풍이 발생했다. 이후 공개돼 있는 이더리움의 코드를 바탕으로 수많은 자체 블록체인을 구성하는 회사가 생겨났다.

스마트 컨트랙트는 블록체인 위에서 기록을 남기며 구동되는 시스템이다. 스마트 컨트랙트는 음료수 자판기 시스템과 유사하다. 음료수 자판기는 돈을 넣고 먹고 싶은 음료를 고르면 선택한 음료를 제공하는 규칙대로 움직이는 시스템이다. 스마트 컨트랙트 역시 정해진 규칙대로 작동하도록 짜인 시스템인데, 스마트 컨트랙트를 이용하면 사실상 컴퓨터에서 사용하는 대부분의 프로그램을 블록체인상에서도 구현할 수 있다.

스마트 컨트랙트를 이용하면 블록체인 기반의 금융 거래나 공증 등 다양한 계약이 가능하며, NFT 역시 스마트 컨트랙트를 통해 기록으로 남는다. 크립토키티^{CryptoKitties}는 블록체인 기반의 고양이 육성 게임으로 블록체인에 기록된 자신만의 고양이를 육성하는 게임이다. 고양이 캐릭터를 수집하고 교배하며 이들을 이더리움을 이용해 사고팔 수 있다. 고양이는 각기

다른 모습을 갖도록 설계됐기 때문에 사용자는 전 세계에 단 하나뿐인 고양이를 갖게 되며, 인기 있는 고양이의 경우 수억의 금액에 거래되기도 한다. 크립토키티는 2017년 출시돼 블록체인상에서 돌아가는 앱의 가능성을 보여줬지만 그 한계 역시 드러냈다. 크립토키티가 큰 관심을 끌고 암호화폐를 거래하는 사람이 급증하면서 이들의 활동을 기록해야 할 블록체인이 그 수요를 감당하지 못한 것이다. 각 기록은 자신이 기록될 순서를 기다리기 위해 짧게는 수분에서 길게는 수십 시간을 기다려야 했다. 블록체인은 중앙화된 기관에서 빠르게 처리하는 것이 아니라 **다수의 주체가 함께 거래를 기록하고 감시하다 보니 속도가 늦어질 수밖에 없었다.**

이로 인해 다수의 주체가 거래를 기록하고 감시하는 '퍼블릭 블록체인 public blockchain'이 아니라 정해진 소수의 주체만 이를 수행하는 '프라이빗 블록체인private blockchain'의 필요성이 대두됐다. 실제로 프라이빗 블록체인은 퍼블릭 블록체인에 비해 훨씬 속도가 빨랐으며 블록체인의 속성을 공유하고 있고, 가장 대표적인 프라이빗 블록체인 프로젝트로는 하이퍼레저 Hyperledger가 있다. 아마존 웹 서비스AWS에도 하이퍼레저를 이용한 블록체인 클라우드 서비스를 제공 중이며, 이더리움을 이용한 서비스도 준비 중이다. 프라이빗 블록체인은 소수의 이해관계자들이 참여하는 공급망supply chain에서 응용될 수 있는데 대표적으로 월마트가 이를 이용했으며, 많은 기업형 블록체인 솔루션 역시 프라이빗 블록체인을 이용하고 있다. 하지만 프라이빗 블록체인은 소수의 주체에 의해 관리되기 때문에 결국 중앙화된 시스템과 퍼블릭 블록체인의 중간형태로 볼 수 있다.

한편 비트코인은 대체가능토큰$^{FT, Fungible Token}$이다. 예를 들어 만 원짜리 지폐에는 다른 일련번호가 적혀 있다. 그러나 일련번호가 다르다고 해서 만 원의 가치가 달라지는 것은 아니다. 즉 다른 일련번호를 가진 만 원짜리 지폐끼리는 서로가 대체 가능하다. 이러한 화폐의 기능과 유사한 기능을 가진 토큰이 대체가능토큰이다. 이더리움의 스마트 컨트랙트를 이용하면 이러한 대체가능토큰을 손쉽게 만들 수 있다. 한편 이더리움의 스마트 컨트랙트는 대체불가능토큰$^{NFT, Non-Fungible Token}$ 역시 만들 수 있다. NFT는 서로가 서로를 대체 불가능하며 유일하게 존재한다. 쉽게 말하면 NFT는 주민등록증, 집문서 같은 유일한 정보를 담고 있는 것으로, 비슷한 양식으로 작성됐다고 해서 서로 교환할 수 있는 것이 아니다. 앞서 살펴본 크립토키티의 고양이 역시 NFT로 돼 있다. 따라서 NFT를 가상 세계의 등기부등본이라고도 부른다. NFT에 디지털 자산의 소유권에 대한 내용인 자산의 내용과 생성 및 소멸에 관한 권리 및 거래내역 등을 담는다면 이는 디지털 자산 등기부등본이 될 수 있다. NFT는 기본적으로 블록체인 기술을 활용하기 때문에 위조나 변조에 대한 내성이 강하다.

디파이와 메타버스 내 경제시스템

이더리움의 스마트 컨트랙트는 블록체인을 단순한 거래를 하는 수단에서 다양한 기능을 수행할 수 있는 도구로 탈바꿈시켰다. 그중 가장 성공적으로 평가받는 두 가지 모델은 NFT와 디파이$^{Defi, decentralized finance}$다. 이번 절에서는 우선 디파이에 대해 살펴본다.

	DeFi	전통 금융	핀테크
중개자	블록체인 네트워크	전통 금융기관	핀테크 업체
지역적 한계	없음	있음	중간
화폐의 발행	블록체인 프로토콜	중앙 은행	핀테크 업체
자산의 매매	블록체인 프로토콜	증권 거래소	–
투자수단	블록체인 코인을 활용한 금융상품	주식, 채권 등	핀테크 업체의 금융상품
익명성	익명	실명	실명
법	없음	자본시장법 등	전자금융거래법 등

그림 3.18 전통 금융, 핀테크, 디파이의 차이

금융은 20세기 후반 디지털화하면서 급성장했다. 이를 통해 하루에도 실제 자산보다 훨씬 더 많은 금액이 인터넷을 통해 거래된다. 복잡하지만 잘 돌아가고 있는 듯 보이는 금융시장은 사실 때때로 큰 문제를 일으키곤 한다. 대부분의 금융시스템은 국가의 규제 하에 몇몇 금융기관에서 관리한다. 그러한 금융기관에서 고의적 행동이나 비고의적 실수로 인해 금융시장의 혼란이 발생하곤 한다. 2018년 삼성증권에서는 직원이 단위를 잘못 입력하면서 위조 주식이 발행돼 실제 금융시장에 유통되는 바람에 논란이 일어난 적이 있다. 사실이야 확인할 수 없지만 이는 증권사가 자유롭게 위조 주식을 발행해 금융시장을 뒤흔들어 왔다는 증거로 언급되곤 한다. 이처럼 중앙집중적인 시스템은 투명성과 신뢰성에 대한 이슈가 생길 수밖에 없다.

한편 자본은 전 세계에 불균등하게 분포돼 있다. 그림 3.18에 나오는 어느 정도 신뢰성을 담보하는 전통 금융기관은 특정 지역에만 집중적으로 위치할 뿐이며, 전 세계의 많은 사람이 지금 우리가 누리고 있는 이러한 금융시장의 이점을 함께 누리지 못하고 있다.

위와 같은 문제의식에서 출발해 탄생한 것이 바로 디파이다. 디파이는 탈중앙화 시스템인 블록체인상에서 동작하는 금융시스템이다. 디파이는 거래의 신뢰를 보장하는 기관이 없는 대신 모두가 원장을 공유해 위변조를 체크하는 블록체인상의 암호화폐를 이용한 금융시스템이다. 동일한 거래기록을 모두가 공유하기 때문에 소수가 거래기록을 위조하거나 과거의 기록을 변조하기 어렵다.

디파이의 가장 큰 특징은 **인터넷에 연결돼 있다면 누구나 이 금융시스템을 이용**할 수 있다는 점이다. 한국처럼 다양한 금융인프라가 갖춰진 경우는 크게 느끼지 못하지만 그렇지 못한 제3세계 국가도 많다. 금융 인프라가 열악했던 케냐에서는 주로 현금을 사용했는데 이는 도난과 분실의 우려가 컸다. 은행 계좌를 갖고 있는 사람 자체가 적은 케냐에서 엠페사[M-pesa]는 모바일 간편결제와 송금 서비스를 제공했다. 우리나라로 치면 토스나 카카오페이에 해당하는 서비스로, 우리나라에서도 간편함으로 인기를 끌고 있는 걸 생각해보면 금융 인프라가 열악한 케냐에서 엠페사의 인기는 상상하기 힘들 정도다.

블록체인을 이용한다는 데서 오는 디파이의 특징은 바로 투명성이다. 디파이는 금융시스템 계약을 코드화해 이용한 블록체인 기술의 한 응용분야다. 계속해서 언급했다시피 블록체인은 모든 기록을 공유하는 시스템이며, 블록체인 시스템 위에서 구동되는 디파이 역시 규칙과 거래현황이 투명하게 공개되고 있다. 따라서 불공정한 규칙이 담긴 디파이 시스템은 누구도 이용하지 않아 자연 도태하게 되며, 사람들은 신뢰도 높은 시스템만 이용할 것이다.

그림 3.19 디파이 시장 규모

디파이로 인해 초기에는 암호화폐 결제가 큰 관심을 받았다. 블록체인의 첫 시작도 위변조를 방지하는 결제시스템인 비트코인에서 시작했다. 비트코인은 결제의 위변조가 불가능하다는 점에서는 분명하게 성공을 거뒀으나 가치의 높은 변동성과 블록체인의 느린 처리속도라는 문제점을 보여줬다. 이는 이후 나온 여러 블록체인 기술도 극복하지 못했고, 이를 완전히 극복하지는 못한 상태다.

최근에는 실시간성이 요구되지 않는 담보대출 유형의 디파이가 유행이다. 2017년 출시된 메이커다오^{MakerDAO}는 가장 대표적인 담보대출 디파이다. 담보대출 디파이는 현실의 예금 담보대출과 유사하다. 예금 담보대출은 은행에 예금, 적금, 연금신탁 등을 보유한 고객에게 중도해지 없이 계좌를 담보로 대출을 하는 상품이다. 대출가능 비율이 50%라면 100만 원의 예금이 있을 때 50만 원을 대출받을 수 있고, 은행은 이 50만 원 대출에 대한 이자를 받는다.

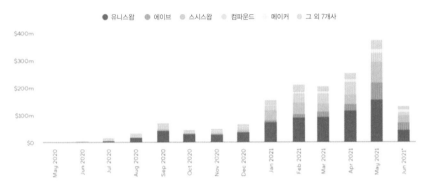

그림 3.20 주요 디파이 프로토콜의 월간 매출(출처: The block research(www.theblockresearch.com), 2021년 7월 업데이트)

메이커다오는 암호화폐 중 이더리움을 담보로 대출해 준다. 예금처럼 이더리움을 예치시키면 스테이블 코인^{stable coin}(1달러 같은 법정화폐와 1:1로 가치를 안정적으로 고정시킨 암호화폐)을 대출해 주며, 사용자는 스테이블 코인으로 또 이더리움 구매하며 레버리지^{leverage}를 일으킬 수 있다. 암호화폐의 가치가 급상승한 시기에는 레버리지를 일으키려는 사람들로 담보대출형 디파이를 이용하는 사람 역시 급증했고, 현재는 가장 대표적인 디파이 상품이 됐다. 이외에도 은행의 다양한 상품을 모방해 암호화폐에 적용한 다양한 디파이가 존재한다. 디파이는 암호화폐계의 은행 및 증권사로 예적금, 담보대출뿐만 아니라 선물, 옵션 등 다양한 파생상품과 펀드를 운용하기도 한다.

디파이는 신뢰할 수 있는 인터넷 금융 거래 환경을 구축하려고 했던 비트코인의 정신을 이어 받았음은 분명하다. 그러나 **현재까지의 디파이의 성장은 암호화폐 가치의 급성장과 정부의 규제가 미치지 않았기에 가능**했다. 또 많은 디파이 상품이 암호화폐의 지속적인 성장을 가정하고 설계된 경우도 많다. 즉 암호화폐 가격이 오를 때는 모두 돈을 벌지만 내릴 때는 시스템이 지속 가능하지 못하고 붕괴해 버린다. 이러한 위험성으로 인해 기존 금융권에서 불가능했던 방식이 디파이의 이름으로 시장에 나오더라도 암호화폐의 가격이 상승하면 이에 참여한 모두가 돈을 벌 수 있기 때문에 큰 불만이 없었다. 그러나 시장 환경에 따라 수익률이 하루 사이에도 수십 퍼센트나 변동하기도 하며, 해킹 사건으로 인해 신뢰도가 떨어지는 것 같은 우려할 만한 사건도 적지 않게 일어나고 있다.

해킹 공격의 경우 블록체인 시스템 자체가 투명하게 공개돼 있기 때문에 모두가 감시할 수도 있지만, 한편으로 누구나 시스템의 약점을 찾아낼 수 있기에 일어날 수 있다. 한편에서는 블록체인 시스템 자체는 안전하더라도 실제 은행의 이자율 같은 현실 속 정보를 반영한다거나 블록체인 내 암호화폐를 현금으로 인출하는 등 현실과 접점이 생기는 부분은 사람이 개입해야 하는데 이 부분에서 문제가 발생할 수도 있다. 아직까지 정부의 손길이 닿지 못하는 영역이 많기에 디파이 투자에서 발생하는 문제와 책임은 전적으로 개인의 몫이다.

또한 **디파이는 그 자유로움으로 인해 다양한 파생상품이 복잡하게 얽혀 있다.**
2008년 금융위기가 파생상품을 재료로 또 파생상품을 만드는 것처럼 복잡한 상품 구조로 개인이 이를 확인하기 힘들고, 금융상품 평가사도 위험성을 고객에게 충분히 알리지 않은 도덕적 해이에 기반했던 사례를 생각해 보면 디파이 생태계 역시 금융위기가 일어난 당시의 상황과 매우 유사하다. 블록체인의 탈중앙화 슬로건은 탈책임을 포함한다. 따라서 현실에서도 여러 금융위기를 거치며 현재의 금융시장이 만들어진 것처럼 디파이가 안정적으로 자리 잡기까지 수차례의 금융위기가 올 수 있고 블록체인 기반의 디파이가 이를 잘 버텨낼 수 있을지 살펴봐야 한다.

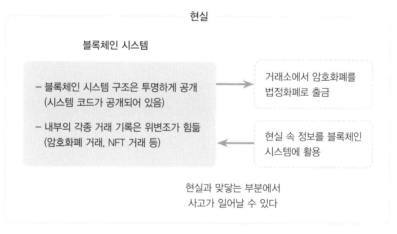

그림 3.21 현실과 블록체인 시스템 간 관계

그러나 이러한 우려에도 불구하고 사람들은 현재의 금융시스템을 파괴할 수 있는 가장 유력한 후보 중 하나로 디파이를 지목하고 있다. 은행과 증권사는 현재 금융시스템을 유지하고 운영하는 대가로 이익을 얻고 있다. 그러나 대량의 개인 신용정보와 자산을 관리함에도 불구하고 주기적으로 이를 악용해 금융시장을 이용하는 고객을 기만하는 사태가 발생하고 있다. 이에 이러한 **금융기관에 의존하지 않고 새로운 생태계를 통해 금융시스템을 유지하고 운영하려는 시도가 바로 디파이**인 것이다. 디파이는 현재까지 디지털 세계에서 현실 속 금융기관의 복잡함을 덜어내면서도 그 역할을 수행할 수 있는 유일한 기술로 보인다.

메타버스 내 금융시스템은 어떤 모습으로 나타날까? 가장 먼저 생각할 수 있는 방식은 메타버스를 운용하는 곳에서 독점적으로 메타버스 내 자체 화폐를 발행하는 방식이다. 우리나라의 대표 SNS였던 싸이월드에는 도토리라는 화폐가 있었다. 현금을 선불로 내고 도토리를 구매할 수 있었는데 싸이월드 내 모든 경제 활동은 도토리를 통해 이뤄졌다. SNS 뿐만 아니라 게임도 저마다의 화폐시스템을 갖추고 있다. 만약 각 플랫폼에서 원화 같은 현금을 사용했더라면 게임 내에서 빈번히 일어나는 아이템 교환을 모두 시중의 은행을 통해서 거래해야 하기 때문에 번거로움과 수수료 부담이 생긴다. 대신 플랫폼 회사는 고객으로부터 현금을 받고 이에 상응하는 자체 화폐를 발행하고, 자체 화폐로 일어나는 거래에 대해서는 회사가 관리하는 것이다. 이러면 원화처럼 현금의 이동 없이도 빠르고 수수료 부담 없이 게임 내 거래를 할 수 있다.

메타버스의 대표주자로 손꼽히는 로블록스는 아바타를 업그레이드하거나 게임 내에서 특별한 능력을 위해 로벅스robux라는 전자화폐를 사용한다. 로벅스는 현금을 받고 플랫폼이 이에 대응해 제공하는 형태로, 싸이월드의 도토리와 유사한데 이도 암호화폐는 아니다. 따라서 한국에서 로벅스를 구매하기 위해서는 해외 결제가 가능한 카드를 통해 구매할 수 있다. 이는 한편으로 해외에서 로블록스를 이용하는 데 장벽이 되기도 한다.

토스, 카카오페이, 네이버 페이 같은 핀테크 사업자의 운영방식도 이와 크게 다르지 않다. 대신 이들이 현금에 대응해 제공하는 토스머니, 카카오머니, 네이버 포인트는 많은 제휴사로 인해 범용성이 크다. 그러나 미국과 중국의 빅테크 기업의 독점에 대한 우려가 커지고 이를 규제하기 위한 반독점 규제가 강화되면서 법정화폐를 대체해 가는 빅테크 기업의 전자화폐에 대한 규제도 늘어가고 있다. 또한 다양한 이해관계자들이 참여하는 메타버스 생태계의 특성상 화폐 시스템이 누군가에 의해 독점적으로 운용되는 것에 거부감을 가질 가능성도 크다.

이런 상황에서 블록체인은 디지털 세계를 표방하는 메타버스 내의 화폐시스템의 주요한 대안으로 떠오르고 있다. 블록체인을 이용하면 이미 정형화돼 쓰이고 있는 화폐 시스템을 그대로 자체 시스템에 이식해 경제시스템을 구축할 수 있다. 쉽게 말해 홈페이지에 채팅 기능을 추가하듯이 금융시스템을 추가할 수 있는 것이다. 블록체인은 기존의 금융시스템 같은 보안 설비를 위한 대규모 투자가 필요 없다는 점에서 큰 강점을 가진다. 이는 회사가 마음대로 조작할 수 없다는 장점을 지닌 반면 느린 거래 속도라는 단점을 갖게 되기도 한다.

대표적으로 디지털 세계 부동산 거래 플랫폼을 표방하는 디센트럴랜드와 업랜드Upland는 자체 암호화폐를 사용한다. 덕분에 국적에 관계없이 전 세계 누구나 이 화폐를 구매할 수 있으며, 암호화폐를 통해 플랫폼 내에서 제공하는 콘텐츠를 즐길 수 있다. 블록체인의 의미를 더하려면 더 많은 플랫폼이 공유할 수 있어야 함에도 아직까지 그 쓰임새는 해당 플랫폼에 한정돼 있다는 한계가 있다. 수년간의 블록체인 업계의 동향을 봤을 때 각 플랫폼은 각 세계관에 맞는 개별 암호화폐를 갖고 있으며, 이들은 하나의 암호화폐로 합치기보다는 각자 플랫폼에서 사용되며 이들을 환전할 수 있는 거래소가 각 플랫폼을 이어줄 가능성이 높다. 실제로 암호화폐 거래소는 실제 금융 거래소에 버금가는 규모의 거래처리 경험을 갖고 있다.

현실 경제의 자산을 기준으로 봤을 때 암호화폐의 가치의 변동성은 매우 높다. 아직 암호화폐의 내재적 가치가 명확하지 않기 때문에 투자자들의 움직임에 따라 쉽게 가치가 변동된다. 그러나 암호화폐가 메타버스 내의 경제시스템에 쓰이며 디지털 세계상에서 가치를 부여받는다면 암호화폐의 가치는 지금보다 훨씬 더 안정화될 수도 있을 것이며, 만약 그렇게 된다면 메타버스의 대중화와 함께 암호화폐 역시 자연스럽게 현실경제로 녹아들 수도 있다.

한편에서는 메타버스 회사에서 타깃 고객을 전 세계로 잡지 않는다면 꼭 블록체인을 쓸 필요가 없다는 의견도 있다. 블록체인이 간편하게 금융 시스템을 구축할 수 있다는 장점이 있지만 이에 상응하는 기술적 제약조건도 많기에 차라리 싸이월드의 도토리처럼 플랫폼이 자체 보증하는 지급수단을 이용하는 방법이 편리하다는 것이다. 현재 많은 기업도 이 방식을 이용하고 있으며, 앞으로는 이대로 갈 수도 있고 일부분은 자체 전자화폐로 담당하고, 일부 시스템은 블록체인을 차용하는 방식으로 갈 수도 있다.

분명한 점은 메타버스 세계가 사회를 이루고 원활히 돌아가기 위해서는 어떠한 방식으로든 크든 작든 금융시스템을 도입하게 되리라는 것이다.

콘텐츠 소유권과 NFT

플랫폼은 사용자가 늘어나고 서비스가 확대될수록 그 안의 콘텐츠의 양과 질도 올라가게 된다. 사용자는 다른 사람이 만든 콘텐츠를 이용하기도 하고 자신이 직접 콘텐츠를 창작해 크리에이터가 될 수도 있다. 크리에이터를 위한 대표적인 플랫폼으로는 영상 크리에이터를 위한 유튜브와 개발 크리에이터를 위한 로블록스가 있다. 두 플랫폼 모두 크리에이터와 수익을 공유하며 지속적인 창작 활동을 할 수 있도록 다양한 보상체계를 만들어 놓았다.

메타버스에서 창작의 대상은 훨씬 다양하다. 헤어스타일이나 옷뿐만 아니라 집이나 정원 같은 공간, 가질 수 있는 직업, 하나의 세계관이나 역사도 가능하다. 여건만 되면 무엇이든 만들 수 있는 현실과도 비슷하다. 현실에서의 시공간 및 비용의 제약이 사라진다는 장점도 있는 반면 창작을 위한 새로운 기술을 배워야 하며 수많은 콘텐츠와 경쟁해야 한다는 점도 고려해야 한다. 이렇게 생긴 수많은 유무형의 창작물은 **디지털 세계의 특성상 자유롭게 수정 배포**될 수 있다. 여기에서 콘텐츠의 소유권에 관한 이슈가 생긴다.

몇 년 전 싸이월드가 운영을 중단한다는 소식을 들었다. 한때 2,500만 명이 사용하던 서비스가 문을 닫으면서 사이트에 이용자들이 남긴 기록도 사라질 위기에 몰렸다. 사람들이 남긴 기록이 모두 싸이월드의 데이터베이스에 들어가 있었기에 이 데이터베이스의 운영을 중단한다면 해당 기록에 접근할 수 없기 때문이다. 싸이월드가 잘 운영될 때는 싸이월드 다이어리, 사진첩 그리고 방명록 같이 내가 작성한 콘텐츠의 운영과 관리를 플랫폼에 맡기되 플랫폼은 이 콘텐츠를 이용해 부가적인 서비스를 하는 윈윈 관계가 성립했지만, 그렇지 않을 경우에는 콘텐츠 생성도 미비해지고 플랫폼의 수익성도 떨어지게 되는 것이다. 결국 플랫폼이 사라지면 그 안의 콘텐츠도 사라지는 구조다. 따라서 사람들은 싸이월드가 중단되기 전에 그 안의 내용을 백업해야 했다. 현재 광범위하게 쓰이고 있는 페이스북이나 유튜브의 게시물뿐만 아니라 리니지나 월드 오브 워크래프트 같은 게임 아이템도 게임이 종료되면 콘텐츠 역시 사라져 버린다. 따라서 디지털 콘텐츠의 소유권에 대한 인식이 생기며, 사람들은 플랫폼에 의존하지 않는 콘텐츠 소유권을 위한 기술에 관심을 갖게 됐다. 블록체인의 특성상 모든 기록이 공유돼 저장되기 때문에 플랫폼이 사라지더라도 기록은 소멸되지 않으며, 플랫폼이 독단적으로 데이터를 조작할 수도 없기 때문에 적어도 소유권 증명서의 관점에서 블록체인은 훌륭한 선택지가 될 수 있다.

메타버스 세계에서는 기존에는 상상할 수 없을 정도로 광범위하고 다양한 콘텐츠가 생성되는데 사람들은 과거의 역사로부터 자신이 생성한 콘텐츠가 더 이상 플랫폼 운영에 의존하는 상황을 바라지 않는다. 현실에서 작가가 그린 그림은 한국에 있으나 미국에 있으나 창작한 작가의 작품임은 변함없다. 그러나 초연결시대의 디지털 콘텐츠는 불특정 다수에게 손쉽게 전달되기 때문에 이를 추적하기가 쉽지 않다. 이런 점을 보완해 플랫폼을 넘어서는 콘텐츠 공유와 콘텐츠 소유권을 명시하기 위한 기술이 블록체인의 대체불가능토큰인 NFT이다.

NFT는 메타버스 내 다양한 콘텐츠의 소유권을 명시할 수 있다. 여기에는 생성 일시, 소유이력, 서명 등의 데이터가 위변조가 불가능한 상태로 저장돼 있다. 게임업계에서 아이템을 무분별하게 만들어내거나 이들이 나올 확률을 극도로 낮게 낮춰 대량의 현금결제를 유도한 업체가 있다. NFT를 활용할 경우 게임 아이템의 이력을 모두 추적할 수 있기에 업체가 자신만의 방식으로 아이템을 조작하는 것 역시 확인할 수 있다. 실제로 콘텐츠를 NFT로 구현해 메타버스 세계 내에서 사용하거나 거래 가능하게 만든 사례로는 샌드박스, 업랜드, 디센트럴랜드 등이 있다.

테슬라 CEO 일론 머스크의 연인인 그라임스Grimes가 작업해 NFT를 적용한 그림 '워 님프War Nymph'가 20분 만에 65억 원에 낙찰됐다.[18] 디지털 아티스트 비플Beeple 역시 NFT가 적용된 그림 '매일: 첫 5000일'을 780억 원에 판매했다.[19] 놀랍게도 이들은 미술관에서 볼 수 있는 물리적 그림이 아니라 컴퓨터상에서만 확인할 수 있는 디지털 파일이다. 실물 작품이 존재하지 않고 진품이 컴퓨터 속의 이미지 파일인 것이다. 그래서 누구나 이 파일을 복제해 볼 수 있고 활용할 수 있다. 다만 NFT가 이 작품이 유일함을 보증할 뿐이다.

18 황민규, 'NTF 가상자산'도 열풍 부나… 머스크 아내 20분 만에 65억 벌어, 「조선비즈」
19 이고운, NFT 작품 780억원에 판 아티스트 비플 "NFT에 거품 꼈다", 「한국경제」

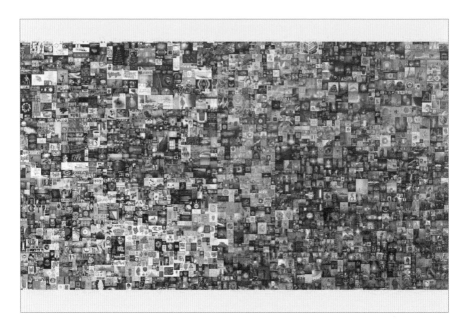

그림 3.22 약 780억 원에 판매된 비플의 NFT작품 '매일: 첫 5000일'

미국의 인젝티브 프로토콜^{Injective Protocol}은 이러한 점을 극단적으로 이용했다. 이들은 그래피티 아티스트로 유명한 뱅크시^{Banksy}의 작품 '멍청이들^{Morons}'을 구매했다. 이들은 그림을 NFT로 바꾸고 "NFT와 실물이 둘다 존재한다면 작품의 가치는 실물에 종속된다."며 "실물을 없애면 NFT가 대체 불가능한 진품이 되고, 작품의 가치는 NFT로 온다."고 하며 실제 그림을 태우는 퍼포먼스를 실시간으로 중계했다. NFT로 변환된 그림은 실제 회사가 실물그림을 구매할 때의 금액에 비해 수배나 높은 가격에 팔렸다. 인젝티브 프로토콜이 말한 대로 NFT는 유일하게 이 작품을 대변하는 일을 할 수 있겠지만, NFT를 진품이라고 할 수 있을까(참고로 뱅크시는 '멍청이들' 그림을 프린터로 찍어냈는데 그 수를 합하면 1,000장이 넘는다)?

그림 3.23 불타는 뱅크시의 작품 '멍청이들'. 현실 속 원본작품을 태워버림에 따라 그림은 디지털 세계에만 남게 된다.

　NFT는 예술작품뿐만 아니라 게임 아이템에서도 활용할 수 있다. NFT의 또 다른 장점은 기존에는 거래 불가능할 것으로 생각했던 상품을 거래할 수 있게 된 것이다. 이더리움을 활용한 크립토키티, NBA 선수들의 활약상을 카드 형태로 만들어 판매하는 NBA 탑샷^{Topshot} 서비스, 트위터 창업자인 잭 도시^{Jack Dorsey}의 첫 트윗도 현재 수억 원에 판매가 됐다. 앞서 소개한 고가의 NFT 그림 판매는 초기의 성공적인 사례이며, 어느 정도 과도하게 가치를 매겼을 수는 있다. 그러나 사람들이 점점 디지털 자산의 소유권에 관심을 갖기 시작했다는 점이 중요하다.

　NFT는 확실히 디지털 정보의 내용과 거래 내용이 위변조되지 않은 진품이 무엇인지를 파악하는 데 도움이 된다. 그러나 NFT가 해줄 수 있는 것은 특정 디지털 정보가 유일하게 존재함을 보증해 주는 것뿐이라는 사실을 명심해야 한다. 텍스트든 그림이든 영상이든 특정한 형태의 정보가 유일하다는 사실을 보증해주는데, 만약 한 글자라도 달라지거나 그림의 한 픽셀이라도 달라지게 되면 전혀 다른 정보로 인식하게 된다. 사람이 보기에는 크게 다르지 않는 사소한 디지털 정보의 차이도 전혀 다른 정보로 인식하고 이것이 또 다른 NFT로 만들어질 수 있다. 원작이 위변조가 되지 않았음을 알 수 있어도, 이것이 블록체인 외부에서는 어떻게 수정 배포됐는지를 모두 파악하기는 사실상 불가능하다. 또한 NFT도 고유의 일련번호를 갖는데 이것이 사람이 쉽게 이해할 수 있는 형태가 아니기 때문에 조그만 변형으로 수없이 재생산되는 NFT의 복제본을 일일이 관리하기도 어렵다.

또 하나의 문제점은 NFT를 가상 세계의 등기부등본으로 활용할 수 있다 하더라도 이것이 **여전히 플랫폼에 의존적**일 수 있다는 점이다. 디센트럴랜드 같은 가상 세계 부동산의 소유증명으로 NFT를 사용한다 하더라도 이것은 디센트럴랜드 내에서만 유효할 뿐이라는 사실이다. 이것이 다른 가상 세계의 부동산과 호환 가능하려면 가상 세계 부동산끼리 연합해 서로 증명서를 공유할 수 있는 시스템을 구성해야 한다. 이는 제한적으로만 가능할 것으로 생각된다. 성격이 다른 플랫폼끼리 연합은 힘들고, 성격이 같은 플랫폼끼리는 합쳐져 결국 NFT 역시 하나의 거대한 플랫폼에 의존적인 구조를 갖게 될 가능성이 높다. 만약 이렇게 되면 과거 싸이월드의 데이터베이스에 모든 디지털 콘텐츠가 남아 있었던 것처럼 디지털 자산이 하나의 거대한 플랫폼에 의존하고 있는 지금과 다를 바가 없다.

⠿ 확장현실

가상현실 분류

코로나19는 사람들을 집 밖에서 사회활동을 하는 대신 집 안에 머물도록 만들었다. 인류를 강타한 여러 전염병이 경제 및 사회 발전에 막대한 부정적 영향을 끼친 반면, 코로나19는 특정 영역의 산업에는 부정적으로 작용했지만 IT 영역의 발전에는 긍정적으로 작용했다. 과거의 전염병과 달리 IT 기술을 통해 비대면 업무가 가능해짐에 따라 세계 경제가 멈추는 대신 급격히 회복하기 시작했고, 다양한 규제가 풀리며 신사업이 활발히 추진되고 있다. IT 업계의 비대면, 확장현실의 확대는 지속적으로 이뤄지고 있었지만 코로나19는 이를 훨씬 가속화시켰다.

비대면 사회에서는 대면으로 하던 업무는 스마트 기기를 통해 만들어낸 디지털 공간에서 이뤄진다. 사람들은 디지털 세계에서 점점 더 많은 일을 할 수 있기를 바란다. 단순한 메시지 전달만 필요할 경우 전화로도 가능했지만 프리젠테이션이 필요한 경우 화면을 공유할 수 있는 공간을 이용하기도 하고, 행동을 관찰해야 하는 경우에는 웹 캠을 통해 소통할 수 있는 공간을 활용하기도 한다.

컴퓨터 그래픽 및 연산속도의 발달로 현실감 넘치는 가상 세계 구현이 가능해지고, 클라우드와 인터넷 속도의 발달로 여러 이용자가 함께 실시간 인터랙션할 수 있는 환경도 만들 수 있게 됐다. 이제 사람들은 이 공간을 단순히 스마트 기기 속에서 구현된 **디지털 공간이라 부르는 대신 현실을**

확장했다는 뜻에서 '확장현실'이라고 부른다. 확장현실은 현실의 연장선상으로 볼 수 있는 디지털 공간이다. 현실의 지속성과 몰입감은 확장현실 속에서도 그대로 적용될 것이다. 메타버스 세계는 필요할 때만 실행시켰다 다시 끄는 게 아니라 현실처럼 지속적으로 운영되며, 따라서 개인의 삶과도 밀접하게 연결될 것이다. 확장현실 속에서는 더 큰 자유가 주어진다. 게임 캐릭터처럼 자신의 모습을 손쉽게 바꿀 수도 있고, 순간이동을 하는 것도 가능하다.

이제부터는 가상현실의 분류를 살펴보고 각 분류 내의 콘텐츠를 살펴보겠다. 또한 이런 가상현실에 현실감을 더하는 물리엔진 기술을 통해 확장현실의 현재와 미래를 살펴볼 것이다.

예술분야에는 '몰입형 미디어아트'라는 체험을 통해 즐기는 미디어아트가 있다. 빔 프로젝트 같은 디지털 장비를 통해 현실의 공간을 다른 모습으로 바꿔 감동을 주는 작품인 것이다. 제주도에 있는 '아르떼 뮤지엄'에 가면 현실은 흰색으로 칠해진 꽉 막힌 방이었지만 그곳에서 들어가면 아무리 좁은 방이라도 넓은 세계를 체험할 수도 있고 하늘을 나는 느낌도 받을 수 있다. 디지털 기기를 이용해 감각을 자극해 현실이 아닌 새로운 세계에 있는 듯한 느낌을 주는 것이다.

우리는 오감을 통해 세상과 소통한다. 시각, 청각, 촉각, 후각, 미각은 신체기관의 각 감각기관을 통해 전기신호로 바뀌어 뇌에 전달되며, 이를 통해 우리는 느끼고 인식할 수 있게 된다. 사람들은 자연뿐만 아니라 직접 아름다운 그림을 감상하고 음악 연주를 듣거나 맛있는 음식을 만들면서 이런 감각기관을 자극해왔다. 그러나 현실 속 이러한 자원은 제한적이어서 누구나 누리기 어렵다. 이에 1826년 조셉 니세포르 니엡스^{Joseph} ^{Nicéphore Niepce}는 최초로 사진을 통해 시각 정보를 기록했으며, 1877년 에디슨은 축음기를 만들어 언제 어디서든 녹음된 음악을 반복해서 들을 수 있게 됐다. 디지털 기술의 발달은 아날로그 형태의 축음기와 사진을 0과 1로 구성된 디지털 정보로 변환시켜 스마트 기기 속에서 자유롭게 공유되고 즐길 수 있게 만들었다. 이제 영화를 보고 몰입감을 느끼고 감동을 받는 것이 전혀 이상한 일이 아니다. 우리는 지금 스마트 기기로 오감을 자극할 수 있는 시대로 가고 있는 것이다.

가상현실은 디지털 기기를 통해 구현된다. 인터넷 지도처럼 현실을 그대로 모방해 만들어지기도 하지만 게임처럼 전적으로 인간의 창작력으로 만들어지기도 한다. 가상현실은 가상화 정도나 용도 및 방식에 따라 VR, AR, MR, XR 같은 다양한 용어로 표현된다. 이들은 그 정도나 쓰임새가 다를 뿐 모두 비슷한 기술을 공유하고 있다. 가상현실이 현실적으로 다가온 건 2013년 VR 기기 열풍 이후다. 이후 많은 VR 업체가 생겨났지만 초기 기대와 달리 VR 시장은 수년간 침체기를 겪으며 소수의 경쟁력 있는 제품만이 남게 됐다.

구분	가상현실(VR)	증강현실(AR)	혼합현실(MR)
개념	– 자신(객체)과 배경, 환경이 모두 현실이 아닌 가상의 이미지를 사용해 현실 세계를 차단하고 디지털 환경 구축	– 현실의 이미지나 배경에 3차원 가상 이미지를 겹쳐서 하나의 영상으로 보여주는 기술	– 현실 정보 기반에 가상정보를 융합
특징	– 가장 보편화된 형태 – 현실과 완전히 분리 – 가상 세계에서의 몰입과 상호작용 강조	– 현실과 유기적으로 결합한 확장 세계에서의 지능적 증강과 직접적 상호작용 강조 – 현실 공간 위에 가상의 오브젝트 제공	– 현실의 물건과 가상의 물건이 실시간으로 영향을 받는 새로운 공간 구축 – 아직 상용화되지 못함
장점	– 컴퓨터 그래픽으로 입체감 있는 영상 구현 – 몰입감 뛰어남	– 현실 세계에 그래픽을 구현하는 형태로 필요한 정보를 즉각적으로 보여줌 – 3차원 모델링의 부담 경감	– 현실과 상호작용 우수 – 사실감, 몰입감 극대
단점	– 현실 세계와 차단돼 있어 현실과 상호작용 약함 – 별도로 컴퓨터 그래픽 세계를 구현해야 함	– 시야와 정보 분리 – 몰입감 떨어짐 – 실시간 정보와 콘텐츠를 제공해야 하는 기술적 어려움	– 처리할 데이터 용량이 커서 다루기 어려움 – 장비나 기술적 제약 있음 – 가격이 매우 비싸 개발자용에만 국한
적용분야	– 게임, 의료, 광고, 산업, 시뮬레이터, 교육, 관광, 테마파크	– 게임, 로봇, 내비게이션, 쇼핑, 스마트글래스, 의료	– 의료, 교육, 엔터테인먼트 제조, 항공우주, 쇼핑
대표기업	– 바이두, 삼성전자, 알리바바, 구글, 오큘러스	– 애플, 엡손, 삼성전자, 페이스북	– MS, 구글, 인텔, 매직리프, 삼성전자
제품	– 오큘러스 HMD	– 포켓몬고	– 매직리프 원, 홀로렌즈

〈자료〉 ETRI 기술경제연구본부, 2019. 1.

그림 3.24 확장현실의 분류

먼저 VR^{virtual reality}은 모든 형태의 가상현실을 아우르는 광의적 의미로도 자주 쓰이지만, 더 정확하게는 AR이나 MR과 달리 현실과의 접점 없이 모든 것이 가상화돼 만들어진 세상을 의미한다. 따라서 모든 시청각 콘텐츠를 직접 만들어야 하며 이를 실행하기 위한 기기 요구 성능도 높다. 또한 이 세계에 진입하기 위해서는 특별한 디지털 기기가 필요하며 이를 통해 사람과 디지털 세계가 소통한다.

흔히 생각하는 머리에 쓰고 3차원 영상을 보는 기기는 VR이라고 부르기보다는 VR 기기 또는 VR 디바이스라고 부르는 게 더 정확한 표현이다. VR 기기는 가상 세계의 디지털 정보를 인간에게 전달해 현실로 착각할 만큼 현실에 가까운 세계를 느끼게 하는 것을 목적으로 한다. VR 기기는 현실과 가상 세계를 분리하고 오롯이 가상 세계의 경험만을 전달해 몰입감을 주는 것이 중요하다. 따라서 현실감 넘치는 콘텐츠뿐만 아니라 인간의 감각을 외부와 완전히 차단하는 것이 중요하다. VR 기기라고 하면 머리에 쓰는 장치가 가장 먼저 생각나는데, 이는 HMD라고 불리는 VR 기기 중 하나로, 눈과 귀를 디바이스로 덮어 현실과의 감각을 완전히 차단한 다음 VR 내 시각과 청각 콘텐츠를 제공해 몰입감을 높인다. 모든 VR 디바이스가 꼭 시각과 청각 정보만을 대상으로 하는 것은 아니다. 하지만 인간의 오감인 시각, 청각, 촉각, 후각, 미각 중에 가상 세계를 구현하는 데 가장 중요하면서도 할 수 있는 것이 시각과 청각이기에 VR 디바이스로 주로 HMD가 많이 개발되고 있다.

그림 3.25 페이스북의 VR 기기: Oculus Quest 2

HMD는 VR하면 바로 떠오를 정도로 대중적으로 알려졌지만, 디바이스 자체로 보자면 비용을 차치하고서라도 디바이스 자체의 무게와 사용의 불편함으로 인해 아직까지 널리 보급되지 못하고 있다. 최근에 나온 페이스북의 오큘러스 퀘스트2도 무게를 약 500g까지 줄였지만, 여전히 머리에

0.5kg짜리 물건을 올려놓고 있다는 것은 불편한 일이다. 이외에도 고급 사양으로 가면 밸브Valve의 인덱스Index나 HTC의 바이브Vive 같은 장비가 있지만 내구성 및 사용상의 불편함 등이 존재한다.

그러나 HMD의 시각과 청각만으로는 충분한 몰입감을 얻지 못하는 경우도 많다. 머리에 무거운 기기를 쓰고 있어서 느끼는 이질감뿐만 아니라 가상 세계에서 경험하는 촉각, 후각 그리고 미각을 현실로 전달하는 기기가 부재하기 때문에 완전한 몰입감을 느끼지 못하고 있다. 하지만 사진과 축음기에서 파동의 형태로 정보가 전달되는 시청각 자료와 달리 **촉각, 미각, 후각은 실제 접촉이나 물질이 필요**하다. 촉각의 경우 손목 시계 형태의 스마트 워치가 심전도나 심박수 및 운동량 등을 측정할 수 있는 헬스 케어 콘텐츠와 결합해 사용되고 있지만 일반적인 촉각을 다루고 있지는 못하다. 향의 경우 향수처럼 다양한 형태의 물질을 미리 보유하고 있다가 분사하는 형태의 아이디어가 제안됐지만 아직까지 상용화해 쓸 수 있을 만한 제품은 없다. 한편에서는 손에 쥐는 디바이스나 러닝 머신 형태의 디바이스를 통해 몰입감을 높이려는 시도도 계속되고 있다.

이러한 불편함을 잠시 이겨내고 나면 놀라운 VR의 세계로 접속할 수 있다. HMD 디스플레이는 눈 바로 앞에 있기 때문에 해상도가 높지 않을 경우 화면의 픽셀이 눈에 보이지만, 최근에 와서는 HD정도의 해상도를 확보해 이질감을 많이 줄였다. 실제로 시청각 정보가 절대적인 몇몇 콘텐츠의 경우 VR 기기에 대한 만족도가 매우 높다. 동작인식 역시 주요하게 연구되는 분야 중 하나로 많은 부분이 상용화돼 있다. 여기에는 머리에 쓰는 디바이스와 더불어 양손의 위치를 추적할 수 있는 기기까지 더해져 여러 물체의 상대적 위치를 지속적으로 정밀하게 추적해 현실의 동작을 디지털 세계에 그래픽으로 렌더링^{rendering}할 수 있는 기술이 함께 접목된다.

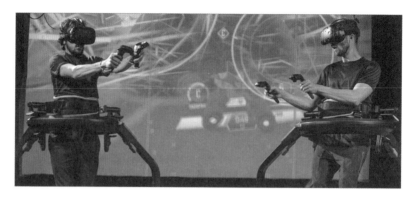

그림 3.26 러닝 머신 형태의 VR 디바이스: 버툭스 옴니(Virtuix omni)

AR^{augmented reality}과 MR^{mixed reality}은 현실을 기반으로 하되 여기에 가상 세계의 정보를 덮어 유용한 정보를 제공한다는 점에서 매우 유사하고 실제로 혼용해서 쓰는 경우도 많다. 군이 구분을 하자면 AR은 현실의 어느 장면을 볼 때 실제로는 그곳에 없지만 디지털 디바이스에 유용한 '**정보가 나타나는 것**'에 중점을 두며, MR은 현실과 가상 세계가 정보를 주고받으며 '**상호작용**'하는 것에 중점을 둔다.

AR은 현실에 없는 가상 세계를 이용하긴 하지만 그것이 현실의 장면이나 정보를 기반으로 도움을 주는 것이다. 2016년에 나온 포켓몬고^{Pokemon Go} 게임이 대표적인 AR 기반 게임이다. 포켓몬고는 GPS로 인식되는 특정 장소에서 카메라를 비추면 스마트폰 속에서만 포켓몬이 보이게 되는데 그 포켓몬을 잡아서 키우는 게임이다. 하늘을 비추면 별자리를 나타내주는 스카이가이드^{skyguide}나 방을 비추면 가구를 보여주고 배치할 수 있게 해주는 이케아 플레이스^{Ikea place}도 AR의 한 사례다. AR은 VR과 달리 완전히 현실을 차단하는 것은 아니라 현실을 보완한다는 개념이기에 우리가 갖고 있는 스마트폰으로도 충분히 즐길 수 있어 VR에 비해 접근성이 높고 거부감도 적다. 또한 현실을 배경으로 하기 때문에 모든 환경을 그래픽 작업으로 나타내지 않아도 돼 연산 비용도 적고 따라서 소형화도 가능하다. 이에 구글과 애플 같은 빅테크 기업은 안경 형태의 AR 디바이스를 개발하고 있다. 특히 애플의 경우 AR 기능을 도입한 아이폰6s, 공간을 파악하는 데 장점을 지니는 '라이다^{LiDar}'를 탑재한 아이폰12 및 앱스토어의 AR 키트로 이 분야에 더욱 집중하고 있다.

MR은 현실을 시뮬레이션하거나 현실과 상호작용하는 가상 세계다. 디지털트윈은 현실을 본떠서 만든 가상 세계로, 이곳에서 다양한 시뮬레이션을 통해 현실 세계의 문제를 고민하고 해결할 수 있다. 대표적인 MR 콘텐츠로 가상의 환자를 앞에 두고 의사가 시범적으로 수술해 보는 것이나 제품을 디자인하기 위해 가상 세계에서 협업하는 형태가 있다. 넓은 범위의 MR은 디지털 도구를 산업디자인에 활용하는 것으로 볼 수 있다. 현실 세계의 수많은 시행착오를 줄이기 위한 목적으로 산업계에서 MR의 활용도는 매우 높다. MR 디바이스로는 마이크로소프트의 홀로렌즈2^{hololens2}와 매직 립^{magic leap}이 있지만 아직까지 VR이나 AR 디바이스에 비해 가격이 비싼 편이다.

앞에서 살펴본 VR, AR, MR은 모두 현실을 확장한 가상 세계를 바탕으로 하는데, 이를 통칭 확장현실^{XR, extended reality}이라고 부른다.

확장현실 XR		
증강현실 AR	혼합현실 MR	가상현실 VR

그림 3.27 확장현실(XR)과 증강현실(AR), 혼합현실(MR), 가상현실(VR) 관계

　한편 뉴럴링크^{Neuralink}처럼 인간의 뇌와 인공지능을 연결시키려는 곳도 있다. 이들은 감각기관을 직접 자극하는 대신 뇌로 전기신호를 보내 감각을 흉내 내고자 한다. 나아가 뇌에 자극을 줄 수 있는 전극을 이용해 데이터를 읽고 쓰려는 시도하고 있으며, 테슬라의 일론 머스크가 투자하며 많이 알려졌다. 이들은 개발한 기기는 이미 동물 실험을 성공적으로 마쳤으며 원숭이가 뇌파만을 이용해 게임하는 장면도 시연했다.[20] 신경 손상환자들을 위한 임상실험도 준비 중인 것으로 알려졌다. 이 기술이 가능해진다면 사람과 컴퓨터의 경계도 모호해지며, 현실과 가상 세계의 경계도 모호해질 것이다. 이처럼 다양한 방식으로 인간의 오감을 자극해 현실감 있는 가상 세계를 구현하려는 다양한 시도가 있다.

20　출처: https://www.yna.co.kr/view/AKR20210202027400075

확장현실 콘텐츠

다양한 형태의 가상현실 콘텐츠가 폭발적으로 증가하고 있다.

산업	활용 예시
게임	- 게임: PC/콘솔, 컴퓨터게임, 모바일게임 등 - 테마파크: 롤러코스터, 4D 시뮬레이터 등
교육	- 이러닝: 팝업북 등 교육 콘텐츠 - 훈련: 군사작전 훈련, 직업훈련 트레이닝 등
의료	- 외과학 분야: 수술 교육용, 고난이도 수술 훈련용 등 - 정신신경과학 분야: 가상 시뮬레이션 정신행동치료 - 영상진단학 분야: 3D 가상 대장내시경 등 CG활용 - 재활의학 분야: 재활치료용 시뮬레이션 훈련 - 헬스케어 분야: 원격의료, 원격 피트니스 등 - 기타 분야: MRI, CT 등 센서를 통한 환자정보 3D 구현
영상	- 영화: 기술영화(Tech-Film) - 내비게이션: 3차원 가상경로, 실사영상기반 실감 내비게이션 - 드론: 1인칭시점(FPV) 영상, e-스포츠 등 - 부동산: 가상 모델하우스, 부동산 영상 등
방송·광고	- 방송: 가상 스튜디오, 드라마 등 VR 콘텐츠 제작, 스포츠 중계, 콘서트 실황 공연 등 - 광고: 가상 광고 시스템, 전시관 가상 체험 등
제조·산업	- 자동차: 가상테스트, 디자인 및 설계, 자율주행체험 등 - 항공: 배선조립 및 도색공정 가상훈련, 기내 서비스 제공 등 - 기타: 복잡한 기계조립, 유지보수(A/S) 정도 확득

〈자료〉 중소기업기술정보진흥원, 중소기업 기술로드맵 2018-2020 - AR/VR-, 2017.

그림 3.28 각 산업에서 응용되는 AR/VR

완전한 가상현실인 VR의 콘텐츠 역시 소셜과 엔터테인먼트의 형태로 나타나고 있다. 전통적으로 디지털 세계를 구현하는 일을 맡아온 게임업계는 기존의 게임에 확장성을 더하며 메타버스를 구현해 나가고 있다. 〈포트나이트〉는 3인칭 슈팅게임에 각종 모드를 더하며 메타버스 세계를 구현해 나가고 있는 한편 네이버Z의 제페토나 엔씨소프트의 유니버스, 페이스북의 호라이즌은 소셜미디어의 형태로 만들어졌다. 사람들은 이 세계에 접속해 특정한 목적 없이 타인과 교류하고 자신의 기록을 남긴다.

아직까지는 게임업계가 만든 메타버스 플랫폼이 더 많은 사용자와 함께 하고 있다. 〈포트나이트〉 사용자는 3억 5천만 명으로 추정되며, 다양한 게임 모드를 통해 파티를 열 수도 있고 소셜 활동을 할 수 있다. 〈포트나이트〉를 제작한 에픽게임즈Epic Games는 언리얼이라는 물리엔진 솔루션을 개발한 회사로, 언리얼은 유니티Unity 사에서 만든 유니티 솔루션과 더불어 물리엔진의 양대 산맥을 이룬다. 언리얼은 다양한 가상 세계를 비교적 손쉽게 만들 수 있는 솔루션으로, 〈리니지2〉, 〈블레이드 앤 소울〉, 〈배틀그라운드〉 같은 화려한 3D 게임을 만드는 데 최적화된 솔루션이다. 〈로블록스〉는 개발자들이 활동할 수 있는 커뮤니티를 만들어 유저가 게임을 직접 제작할 수 있게 함으로써 플레이 가능한 형태가 무한히 늘어나게 됐는데, 지금까지 게임을 개발한 인원이 200만 명이 넘는다고 한다. 자신의 캐릭터는 하나이지만 이 캐릭터로 기호에 따라 수만 가지 게임에 접속해 플레이할 수 있는 것이다. 다만 아직까지 단순한 그래픽으로 인해 주 사용자가 어린 아동들뿐이라는 특징이 있다.

소셜미디어 형태의 메타버스는 아직 수가 많지는 않지만 파급력이 막강하다. 제페토는 네이버에서 만든 메타버스 플랫폼으로, 2억 명 이상이 가입했다고 한다. 블랙핑크BLACKPINK는 제페토에서 팬 사인회를 열었는데 4,600만 명이 몰려왔다고 한다. 명품 브랜드 구찌는 제페토 내에 자체 브랜드 스토어를 냈다. 페이스북 역시 VR 기기 오큘러스와 함께 즐길 수 있는 메타버스 SNS인 페이스북 호라이즌을 출시했다. 호라이즌은 세계 최대의 SNS기업인 페이스북이 보유한 최고의 VR 기기 회사인 오큘러스의 신제품 오큘러스 퀘스트2의 출시에 맞춰 호라이즌 베타 서비스를 시작했다. 기존의 페이스북이 소셜미디어 내 사용자들의 게시물을 바탕으로 이들의 행동을 분석해 광고로 수익을 내는 것을 생각해 봤을 때 호라이즌 역시 사용자들의 플랫폼 내부 행동 데이터를 바탕으로 광고로 수익을 낼 가능성이 높아 보인다. 유튜브 역시 유튜브 VR 채널을 만들어 기존의 2차원 영상을 뛰어넘는 영상 자료에도 관심을 두고 있음을 알 수 있다.

AR 콘텐츠 역시 증가 추세를 보이고 있다. 메타버스는 게임을 넘어서 생활과 업무 영역의 플랫폼으로 확장되고 있다. 재택근무가 일반화되고 있지만 이로 인해 동료들 간의 유대감이나 스몰 토크 문화가 사라진다는 단점도 있다. 웹 캠을 통해 형식적인 회의는 진행할 수 있지만 지나가며 가벼운 농담을 던지는 모습을 보기는 어려워진 것이다. 이러한 점을 극복하기 위한 가상 오피스가 있다. 이들은 오프라인 사무실의 형태를 그대로 온라인으로 옮겨왔다. 직원들은 공간 내 캐릭터가 돼 가상공간 내 사무실을 자유롭게 돌아다닐 수 있고, 동료가 근처에 지나갈 때는 서로의 웹 캠이 나타나며 대화도 할 수 있다. 개더는 약 300억 달러를 투자 받았고, 인공지능학회 EMNLP2020에서 가상학회 장소로 사용됐다. 팀플로우, 브랜치Branch, 스패셜챗Spatialchat 등도 애플, 트위터, 세일즈 포스Salesforce 등 대기업에서 이용 중이다. 이들은 게임과 유사한 환경 안에서 자신의 캐릭터를 통해 돌아다닐 수 있으며, 근처에 있는 캐릭터 사이에서만 대화할 수 있다.

온라인 마케팅에서도 VR, AR을 통한 콘텐츠를 제작하는 업체가 늘어나고 있다. 화장품 브랜드 맥MAC은 유튜브 영상을 보면서 직접 맥의 립스틱을 체험해 볼 수 있는 '유튜브 AR 뷰티 트라이온'를 공개했다. 유튜브 동영상을 보면서 카메라를 통해 자신의 얼굴에 직접 10가지 컬러의 맥 립스틱을 체험해 볼 수 있는데, 색을 누르면 자동으로 화면 속 자신의 입술에 립스틱 색이 적용된다. 기아자동차는 카니발의 신차 발표회 공간에 고객이 직접 이용하는 듯한 경험을 전달하기 위해 AR 콘텐츠를 사용했다.

시각을 완전히 덮는 HMD VR 기기와는 달리 스마트 글래스는 일반 안경처럼 현실 세계를 볼 수 있지만 안경면 위에 디지털 콘텐츠를 투사해 함께 볼 수 있도록 만든 웨어러블 디바이스다. HMD VR 기기의 콘텐츠는 현실감 넘치는 3D 디지털 세계를 구현해야 하는 반면에 스마트 글래스는 현실을 배경으로 하기 때문에 그래픽 작업에 대한 로드가 훨씬 적다. 뿐만 아니라 기존의 안경과 매우 유사한 형태이므로 많은 사람이 HMD VR 기기보다 먼저 대중화될 것으로 예상했다.

그림 3.29 매직 립 착용 모습

그러나 스마트 글래스는 현실 위에 디지털 콘텐츠를 올려놓는 방식이기 때문에 현실과 지속적인 소통을 해야 한다는 어려움이 있다. 보고 있는 것이 무엇인지 탐지하는 기능뿐만 아니라 이에 관한 정보를 정리해 스마트 글래스라는 한 화면에 현실을 바라보는 시야를 방해하지 않는 선에서 보여 줘야 한다. 컴퓨터 비전 인공지능는 이를 수행하기에 적합한 기술이긴 하지만 아직까지 인간이 지정한 몇 개의 사물을 잘 인식할 뿐 그 외의 물체에 대한 인식률은 낮다. 또한 인공지능 연산장치 역시 안경의 크기와 무게 속에 넣기에는 무거우며, 클라우드를 사용하기에는 다수의 사람이 이를 이용하기 위해서는 여전히 인터넷 통신망의 한계가 있다. 이러한 이유

그림 3.30 컴퓨터 비전 인공지능을 통한 물체 인식(object detection)[21]

21 Kedar Potdar, Chinmay Pai, Sukrut Akolkar, "A Convolutional Neural Network based Live Object Recognition System as Blind Aid", https://arxiv.org/abs/1811.10399, 2018

로 스마트 글래스의 등장에 비해 아직까지 상용화된 서비스를 찾아보기힘

들다. 사용처를 특정 영역으로 제한한다면 상용화가 더 빨라질 수도 있겠

지만 가벼운 스마트 글래스를 만들기 위한 비용이 만만치 않다. 페이스 북

의 오큘러스 퀘스트2의 인기로 미뤄볼 때 차라리 모든 콘텐츠를 디지털

세계에서 구현해야 하는 VR 기기가 먼저 더 대중화될 수도 있을 듯하다.

2021년 초 애플은 스마트링(반지) 특허를 출원했다. 엄지와 검지에 착용

하는 스마트링은 센서를 통해 손동작을 인식하는데, 이를 통해 손동작을

메타버스 속에서 모방할 수 있게 된다. 이는 애플 펜슬 같은 다른 기기와

함께 사용 가능할 뿐만 아니라 영화 「마이너리티 리포트^{Minority Report}」의 주

인공처럼 허공에 띄워 놓은 화면을 손동작만으로 조정하는 일도 가능할

것이다.

그림 3.31 주인공이 허공에 띄워 놓은 화면을 조정하는 영화 「마이너리티 리포트」의 한 장면

이외에도 Care OS는 개인위생, 피부관리를 위한 스마트 거울을 선보이

며 이용자들의 건강을 모니터링해 상품을 추천해 주는 서비스를 제공하고

있으며, 일본의 게이트 박스Gate Box는 실제 사람 크기의 홀로그램인 'AI 스마트 홀로그램 어시스턴트'를 박물관, 영화관, 이벤트 전시회, 라이브 음악 공연장 등의 엔터테인먼트 시설에 설치하고 있다. 향후 현실과 메타 버스를 연결하기 위한 더욱 다양한 기기가 나올 것으로 예상된다.

VR이 완전한 가상현실, AR이 현실 세계 위에 얹은 가상현실이라면 MR 은 현실 세계와 상호작용하는 가상현실이다. 대표적인 사례로 닌텐도 위 Nitendo Wii는 모션 센서가 들어간 컨트롤러를 손에 쥐고 이를 활용한 게임 을 출시했다. 복싱이나 야구 등 스포츠를 비롯해 RPG 게임까지 다양한 게임을 출시하며 2006년 출시 이래 총 1억 163만 대를 판매했다. 이후 닌 텐도는 화면 속 영상에 맞춰 춤을 추는 〈저스트 댄스Just Dance〉나 스토리 를 따라가며 홈 트레이닝을 하는 〈링 피트RingFit〉를 출시해 MR 콘텐츠를 지속적으로 제공하고 있다.

그림 3.32 닌텐도의 링 피트. 게임 속 퀘스트를 수행하고 스토리를 진행하기 위해서 현실에서 다양한 운동을 수행해야 한다(출처: 닌텐도 코리아 홈페이지).

가구 전문 업체 이케아는 이케아 플레이스라는 앱을 통해 자신의 집에

이케아 가구를 배치해 볼 수 있도록 했으며, 국내의 코비하우스^{Kovihouse} VR은 3D로 VR 아파트 평형을 불러오거나 원하는 공간을 직접 그려 인테리어 아이템을 배치해 자유롭게 꾸밀 수 있는 3D 인테리어 앱을 출시했다.

메타버스의 개념을 정리한 ASF^{Acceleration Studies Foundation}는 메타버스의 목적이 **사람들의 인지능력과 지능을 향상시키는 도구**라고 말했다. 실제로 인간의 웰니스^{wellness}를 위한 메타버스 기술 역시 활발하게 연구되고 있다. 디지털 테라피 또는 디지털 약이라는 분야가 있다. 실제로 먹는 약은 아니지만 미국 FDA나 국내 식약처의 승인도 받아야 한다. 디지털 테라피란 인지나 행동과 관련한 질병을 디지털 기기를 이용해 치료하는 것이다. 대표적으로 치매환자의 경우 단순히 약을 먹는 것 외에도 주변에서 계속 말을 걸어주는 것처럼 머리로 생각할 수 있게 해야 한다. 그러나 모든 치매환자 옆에 한 사람씩 붙어 간병하기는 어렵다. 이 경우 디지털 기기를 통해 환자를 모니터링하고 이에 맞는 행동을 유도하거나 머리로 생각하도록 하는 것이 디지털 테라피다. 물론 노인들뿐만 아니라 아이들의 행동을 관찰하고 교정하는 데도 쓰일 수 있다. 해외에서 진행 중인 게임체인지^{GameChange} VR은 환자의 정신적 문제를 메타버스 속 시나리오로 해결해보려는 프로젝트로, 메타버스 속 '가상 치료사'가 환자를 안내해 문제를 해결해 나간다. 국내에서는 이모코그^{emocog} 등 바이오 스타트업에서 치매 치료 기술과 콘텐츠를 개발하고 있다. 아티피셜 소사이어티^{Artificial Society}는 메타버스 속 다양한 유저 데이터(음성, 텍스트, 표정, 포즈 등)를 의료 목적으로 사용할 수 있는 정형 데이터로 가공해 사용자 상태를 모니터링하는 기술을 보유하고 있다. 이 기술은 스마트폰을 통해 얻은 대량의 유저 데이터로 사용자의 건강 및 일반 상태를 모니터링해 맞춤형 케어를 제공하는 데 이용된다.

한편 현실을 그대로 모방한 디지털 세계도 있다. 또 하나의 지구라고 불리는 어스2^{Earth2}라는 부동산 플랫폼이 있다. 게임 개발자들이 만든 이 플랫폼은 현실의 지구 각 지역을 디지털 세계로 만든 것으로 사람들은 부동산을 구매할 수 있다. 두 번째 지구라는 뜻의 어스2는 실제 지구를 위성에서 찍은 영상을 바탕으로 각 지역을 블록으로 나눈 뒤 이를 소유하고 사고팔 수 있다. 실제로 이 땅을 사는 사람들이 있느냐와 그러한 시세차익이 발생했을 때 이를 현금으로 전환할 수 있느냐에 대해서 개발사는 사람들끼리 거래가 가능하고 출금서비스 역시 지원한다고 밝히고 있다. 유사하게 업랜드라는 플랫폼도 있다. 블록체인의 NFT 기반의 부동산 플랫폼으로 땅을 서로 사고팔 수 있다. 업랜드는 실제 위성 사진을 이용하는 어스2보다는 훨씬 게임에 가까운데 기차나 비행기를 타고 캐릭터를 이동시키기 위해서는 실제로 수십 분을 기다려야 한다. 현실의 지도를 본떠 만든 디지털 세계 속 지형은 암호화폐를 통해 거래할 수 있으며, 실제로 시세차익도 얻을 수 있다. 그러나 디지털 세계의 땅을 소유한다고 해도 부가가치를 창출하기 어렵기 때문에 가격 상승에 제한이 있을 수 있으며, 유사 플랫폼이 등장해 경쟁하게 됐을 때 과연 각각의 플랫폼이 얼마나 경쟁력을 갖고 살아남을 수 있느냐의 문제가 발생한다. 또한 하나의 플랫폼이 독식하게 된다 하더라도 디지털 세계의 부동산 주인과 실제 세계의 주인이 다르기 때문에 문제가 생길 수도 있다.

그림 3.33 어스2 위의 땅을 여러 국적의 사람들이 구매하고 있다(출처: 어스 2 홈페이지).

점차 **현실과 확장현실 간의 경계가 모호**해지고 있다. 아마존 GO 오프라인 매장은 점점 온라인 커머스와 유사해지고, 온라인 커머스는 오프라인의 소셜 및 엔터테인먼트 기능을 도입하고 있다. 이러한 변화가 오프라인과 온라인을 결합한 하나의 결과물로 나오게 될지, 아니면 오프라인과 온라인이 기존과는 다른 의미의 공간으로 재해석될지는 알 수는 없지만 디지털 세계의 영향력이 오프라인 세계 못지 않게 커지고 있음은 부정할 수 없는 사실이다.

콘텐츠 생성 소프트웨어

VR과 AR에 대한 관심은 결국 가상 세계 속에서 현실과 유사한 현상을 재현할 수 있는지에 대한 의문을 갖게 만든다. 가상의 세계에서 현실과 유사한 현상을 재현하는 것을 시뮬레이션이라고 한다. 컴퓨터가 실제 세상을 이해할 리가 없기에 우리는 이것을 컴퓨터가 이해할 수 있는 언어인 숫자로 바꿔줘야 한다. 물체의 움직임은 기존에 밝혀진 물리법칙에 따라 움직이도록 설계돼 있다. 고등학교 물리 시험에 나오는 두 구체의 충돌 같은 단순한 물리현상은 비교적 적용하기 쉬울 수 있다. 그러나 조금만 더 생각해보면 우리 주변에서 흔히 보이는 물이나 공기의 흐름 같은 유체의 흐름은 생각보다 적용하기가 쉽지 않다.

2013년 UC 샌타바버라 미디어 아트&테크놀로지 프로그램의 테오도르 김Theodore Kim 교수는 더 적은 노력으로 물이 흐르는 모습이 실제와 유사하게 보일 수 있는 Wavelet turbulence 기술로 미국 영화예술과학 아카데미 AMPAS 주최 '아카데미 과학 기술 시상식'에서 '기술 혁신상Technical Achievement'을 받았다. 이 기술은 아바타, 슈렉, 아이언 맨 등 수십 개의 영화에 적용됐다.[22] 그러나 이런 영화의 한 장면을 만들기 위해서는 많은 시간이 소모되는데, 우리가 늘 보는 흐르는 물도 가상 세계에서는 그대로 구현하기가 쉽지 않기 때문이다. 이뿐만 아니라 흩날리는 먼지나 아주 작은 모래알 역시 너무 작고 개수가 많기 때문에 가상 세계에서 그대로 적용하기는 어렵다.

디지털 세계는 자유롭게 설계할 수 있다. 그래서 우리가 원하는 방식으로 만들어주기 위해서는 **세부 요소를 하나하나 직접 설정**해줘야 한다. 현실에서는 사과가 아래로 떨어지는 게 너무나도 당연한 일이지만 디지털 세계 내에서는 아래로 떨어지도록 설정을 해야 한다. 그러나 메타버스 세계를 만들 때마다 수많은 물리법칙을 모두 고려하기는 쉽지 않다. 따라서 핵

---

22 출처: https://www.cs.cornell.edu/~tedkim/WTURB/press.html

심적인 물리법칙을 구현한 소프트웨어인 물리엔진이 등장했다.

물리엔진은 현실 세계의 물리법칙을 디지털 세계에서 그대로 구현하기 위한 목적으로 만들어졌으며, 엔비디아의 피직스[PhysX]나 하복닷컴[Havok. com.Inc.]에서 개발한 하복[Havok]이 유명하다. 이들은 게임에서만 쓰이는 것이 아니라 영화나 디자인은 물론 현실의 문제를 시뮬레이션하기 위해서도 사용된다.

그림 3.34 엔비디아 PhysX는 여러 물체 간의 상호작용도 시뮬레이션할 수 있다.

유니티와 언리얼은 게임을 개발하기 위한 도구를 제공한다. 이들은 게임 내 환경을 구축하기 위한 물리엔진을 제공하는데, 이 툴은 공학과 디자인에서 제품을 디자인하기 위해 사용하던 캐드[CAD, Computer Aided Design]의 기능과 매우 유사함을 알 수 있다. 디지털 세계 내 물체를 만들기 위해 직육면체나 구 같은 물체를 만들고 이를 가공하는 것이나, 물체의 물성치를 정하고 표면 재질을 정하는 것까지 실제 제품을 디자인하는 방식과 같은 방식을 통해 디지털 세계 내 물체가 만들어진다. 실제 제품 디자인의 경우 캐드를 통해 시뮬레이션해 본 다음 실제로 제작해 보며 새로운 문제점을 찾고 개선하는 과정이 오래 걸리는 반면, 메타버스 세계에서는 디지털 세계 내에서 검증하고 손쉽게 수정할 수 있다. 중요한 것은 **메타버스 세계를 구성하는 일도 현실을 구성하는 일과 매우 유사**하다는 점이다.

물리엔진의 발전에도 후각과 미각은 여전히 미지의 영역으로 남아있다. VR에 접속할 수 있는 기기는 시청각 정보를 위주로 만들어지고 있다. 많은 경우 디지털 세계를 느끼는 데는 시청각 정보로도 충분하다. 그러나 때로는 후각과 미각이 중요해질 때가 있다. 특히 정보처리가 빠른 게임과 달리 여가생활이나 인간적인 유대감 같은 감성적인 부분에서는 시청각 이외의 요소를 더해줌으로써 더욱 마음 속 깊이 다가갈 수 있다. 그러나 시각 정보를 전달하는 디스플레이나 청각 정보를 전달하는 이어폰의 많은 데이터가 디지털화돼 현실과 디지털 세계를 오가는 반면, 후각과 미각 정보는 디지털화하기도 어려울 뿐더러 이를 출력하기도 어렵다. 이는 시각은 RGB 정보로 청각은 주파수 정보로 디지털 저장이 가능한 반면, 후각과 미각을 결정짓는 분자는 알아내기도 힘들고 이를 RGB 같은 정형화된 숫자 형식으로 바꾸기도 애매하기 때문이다. 그럼에도 현실감 넘치는 디지털 세계를 만들기 위한 이러한 노력은 계속되고 있다.

2017년 VAQSO VR은 카트리지의 여러 향을 영상에 맞춰 분사하는 방식으로 디지털 세계의 후각 정보를 제공하려고 시도했다. 세 종류의 향으로 시연도 했으나 이후 더 이상 개발이 진척됐다는 소식은 없다. 한편에서는 코 내부에 냄새를 받아들이는 수용체에 전기신호로 자극을 줌으로써 특정 냄새를 맡는 것과 유사한 경험을 제공하는 기기를 만들고 있다. 전기신호를 조절함으로써 다양한 후각 정보를 만들어낼 수는 있지만 아직 개발 단계이며 실제로 사용할 수 있게 된다 하더라도 코에 전극을 연결한다는 점에서 거부감이 들 수 있다.

미각은 오감 중 가장 개발하기 힘들 것으로 예상되는 영역이다. 이에 대한 재미있는 시도가 크라우드 펀딩으로 올라온 적이 있었다. 2016년 인디고고Indiegogo에 올라온 더 라이트 컵the right cup 제품은 단순해 보이는 컵인데 어떠한 첨가물을 넣지 않아도 맹물을 이 컵에 넣고 마시면 음료수의 맛이 느껴진다는 것이다. 그 이유로 맛은 후각에 의해 크게 좌우되는데 컵에 음료 향이 나는 향을 첨가해 맛이 나는 것처럼 뇌를 속이겠다는 아이디어다. 18억이 넘는 금액이 모였는데 제품이 완성되지 않아 배송은 2년이 지나 진행되기도 했으며, 실제로 사용해본 사람들은 전혀 음료의 맛을 느낄 수 없었다고 한다. 이 시도는 후각을 통해 미각을 표현해 보려는 좋은 시도였지만 아쉽게도 현실에서는 물을 마실 때 코로 숨을 쉴 수가 없어 향을 맡을 수 없기 때문에 실패하고 말았다. 현재는 크라우드 펀딩 투자자를 기만한 안 좋은 프로젝트로 회자되고 있다. 미각 역시 후각과 유사하게 혀의 미뢰에 전기 자극을 가해 맛을 표현하려는 시도가 계속 있었지만 아직 상용화된 제품은 없다.

인공지능은 가상현실 내 콘텐츠를 만드는 데 핵심적인 도구다. 컴퓨터 비전 인공지능 분야에서도 손쉽게 3D 물체를 생성하거나 활용할 수 있는 알고리즘을 개발하고, 이를 사업화하는 스타트업도 생겨나고 있다. 컴퓨터 화면이 2D이기에 모니터를 통해 3D 디자인을 하는 것은 2D 평면 디자인을 하는 것보다 훨씬 어렵다. 여러 방향에서 봤을 때 모두 만족할 만한 디자인을 하기 위해서는 결과물을 돌려가며 작업해야 하는데, 작업시간이 훨씬 많이 소요되며 비용도 증가하게 된다. 여기서 컴퓨터 비전 인공지능은 사람이 주요 영역을 지정하면 나머지 부분을 매끄럽게 채워주거나 이미 만든 결과물의 채색 작업을 자동화한다. 2D 이미지 사진을 찍으면 3D로 디지털 세계에 표현해 주는 인공지능 기술은 AR에 사용되기도 한다. 이를 이용해 스마트폰 카메라를 비추기만 하면 그곳의 동물이 일어나 걸어 다니는 모습을 구현할 수도 있다.

국내 스타트업 아키드로우Archidraw의 아키스케치archisketch는 홈 인테리어 영역에서 3D 모델링 하나를 만들면 클라우드 기반 3D 홈플래너, 파노라마, AR 뷰어를 자유롭게 이용할 수 있는 서비스를 출시했다. 게임 개발 소프트웨어인 언리얼은 디지털 휴먼을 만드는 데 특화된 '메타휴먼 크리에이터Metahuman creator'를 출시했다. 메타휴먼 크리에이터를 통해 손쉽게 사진처럼 정밀한 디지털 휴먼을 만들고, 이를 애니메이션으로 만들어 게임이나 영화 및 다른 콘텐츠에 활용할 수 있다. 지금까지 살펴봤듯이 꽤 많은 분야에서 메타버스 콘텐츠 생성 소프트웨어는 부분적인 성공을 거두고 있다.

: 그 외 핵심 기술

3D 프린터: 디지털 세계에서 현실로

3D 프린터는 기존의 종이에 인쇄하는 2차원(가로와 세로) 프린터를 넘어 높이를 더한 3차원 입체물을 출력하는 장치다. 종이에는 텍스트나 그림밖에 인쇄할 수 없었지만 3차원 입체물을 출력할 수 있다면 그것을 실제 생활에 필요한 도구를 만들 수 있기 때문에 많은 각광을 받았다. 특히 3D 프린터의 재료가 단순히 플라스틱이나 금속을 넘어 세포나 뼈를 이용하기도 하고, 만들 수 있는 도구 역시 3차원 형상이면 모두 가능하기에 3D 프린터가 대중에게 처음 알려졌을 때는 산업계에 대격변을 일으킬 것으로 예상했다. 그러나 **디지털 세계로부터 현실 세계로 물건을 옮겨올 수 있는** 3D 프린터는 재료 및 시간과 비용을 문제를 해결하지 못해 시간이 지나며 사람들의 관심에서 멀어졌다.

현재는 3D 프린터가 할 수 있는 부분과 할 수 없는 부분에 대한 구분이 생기며 목적에 따라 저가, 중가, 고가의 3D 프린터 시장이 본격적으로 형성되고 있다. 교육 및 엔터테인먼트 용도의 저가 라인은 FDM^{Fused Deposition Modeling}이라는 플라스틱을 실타래처럼 감아둔 다음 이를 천천히 녹여 노즐에 분사해 쌓는 방식을 사용해 출력하는 방식을 쓴다. 이 방법은 환경에 민감하고 사용하는 사람의 숙련도에 따라 결과물의 퀄리티 차이가 난다는 단점이 있지만 단순하고 저렴해 학교나 개인이 널리 이용하고 있다. 고가의 3D 프린터의 경우 다양한 재료를 분말의 형태로 이용하는

SLS $^{Selective\ Laser\ Sintering}$ 나 플라스틱을 녹인 액체를 이용하는 SLA ^{Stereo} $^{Lithographic\ Apparatus}$ 같은 방법을 이용해 산업계에 필요한 높은 정밀도의 부품을 생산하는데 쓰고 있다. 4D 프린터도 있다. 3D 프린터에 시간이라는 축을 더하는데, 시간이 지남에 따라 3차원 입체물의 모양이 바뀌는 것이다. 예를 들어 인공위성이 하늘 위에 올라가서 날개를 쭉 펴는 형상을 인쇄하는 데 응용할 수 있는데, 아직 상용화까지는 시간이 더 필요할 듯하다.

2010년대 교육 목적이나 간단히 시제품을 만드는 목적으로 주로 쓰였던 3D 프린터는 2020년대로 넘어오며 실생활에 필요한 도구를 만들거나 심지어 건물을 출력하는 용도로 쓰이고 있다. 특히 이미 완성된 기성제품을 쓰기보다 자신의 개성을 드러내는 제품을 사용하고 싶어하는 경향으로 인해 개인 맞춤형 물건이 제작 가능한 3D 프린터의 효용이 올라가고 있다. 3D 프린터 역시 초개인화시대의 흐름과 따로 놓고 볼 수는 없다.

인공지능은 카메라로 찍은 사진을 디지털 세계로 그대로 옮겨 물건을 만들어 내기도 하고, 현실 속 인간을 디지털 휴먼을 만들어낼 수도 있다. 인공지능이 현실 세계를 디지털 세계로 옮겨놓는 데 사용할 수 있다면, 3D 프린터는 디지털 세계의 정보를 현실 세계로 옮겨놓는 데 사용한다. 이러한 3D 프린터의 개념이 단순히 도면을 보고 물건을 만들어내는 것이 아닌 디지털 세계의 정보를 현실로 출력해 내는 것으로 확장되고 있다. 3D 프린터가 대중화된다면 물건을 구매하는 대신 도면을 구매하고 이를 프린터해서 쓸 수도 있는데, 이렇게 되면 배송의 불편함을 해소할 수도 있고 같은 제품을 여러 번 제작할 수도 있어 불량품의 문제도 사라지게 된다. 3D 프린터는 플라스틱과 금속재료에서 점차 필요에 따라 재료도 다양해질 뿐만 아니라 만들어 내는 출력물도 점차 확대되고 있다.

3D 프린터와 MR은 궁합이 좋다. MR은 현실을 모방한 디지털 세계에 들어가 다양한 작업을 하는 것인데, 이 결과물을 3D 프린터를 통해 출력해볼 수 있기 때문이다. 이러한 방법은 지금까지 R&D에서 많이 이용되던 것으로, 직접 실험하거나 체험하기 어려운 환경을 디지털 세계에서 구성한 뒤 여기서 유용한 정보를 뽑아 현실 세계의 제품을 디자인하는 것이다. 기존의 2D 프린터가 대중화됐듯이 앞으로 3D 프린터가 대중화된다면 기업은 세계 각지의 전문가가 디지털 세계에서 만나 제품을 디자인하게 만

그림 3.35 3D 프린터로 인쇄한 피규어[23]

---

23 출처: https://www.etsy.com/ie/listing/1017008452/3d-printed-queen-of-blades-worldwide?ref=
landingpage_similar_listing_top-4&frs=1

수 있으며, 개인은 다양한 메타버스 플랫폼에서 자신만의 콘텐츠를 제작하고 그것을 직접 손으로 만질 수 있게 될 것이다. 유명 애니메이션의 캐릭터는 피규어(가상의 인물을 형상으로 제작한 것)로 제작돼 판매되는 것처럼 크리에이터에 의해 탄생하는 무수히 많은 자신만의 피규어가 등장하게 될 것이다.

의료분야에서도 3D 프린터를 통해 다양한 재료로 바이오 제품을 만들고 있다. 대표적으로 배양된 세포를 3D 프린터의 재료로 활용해 환자 맞춤형 인공신체를 만들어낼 수도 있다. 이를 위해 환부의 영상을 3차원으로 재구성한 뒤 각종 VR 및 AR 시뮬레이션으로 가장 적합한 치료방법을 찾고, 3D 프린터로 동물이나 인간의 장기를 출력해 수술에 들어가는 것이다.

3D 프린터의 궁극적인 형태는 지금의 프린터 기기의 모습보다는 로봇손이 돼 이것저것 만드는 모습일 것이다. 최근에 커피 로봇 매장이나 치킨로봇 매장이 많이 늘어나고 있다. 이들은 밀가루, 설탕, 소금 등의 재료를 준비하고 있다가 주문이 들어오면 로봇이 정해진 레시피에 따라서 음식을 요리한다. 2017년 비헥스BeeHex라는 기업은 국제 우주정거장의 비행사들이 다양한 음식을 즐길 수 있도록 하기 위해 음식을 만드는 Chef3D라는 3D 프린터를 내놓았다. 이스라엘의 리디파인 미트Redefine Meat는 3D 프린터를 이용해 식물성 인공고기를 출력한다. 이들은 인공지방, 인공혈액, 인공단백질 성분을 3D에서 조합해 실제 고기와 유사한 구조를 만든다.

로봇의 손으로 만들 수 있는 건 비단 음식만은 아닐 것이다. 로봇이 조각도 하고 피아노도 치는 모습을 멀지 않은 미래에 볼 수 있을 것으로 예상한다. 최근 GPT-3나 DALL-E 같은 인공지능 모델은 인간의 몇 마디 말로부터 한 번도 듣거나 본적 없는 대답을 하고 이미지를 생성하는 모습을 보여줬다. 예를 들어 '아보카도 모양의 의자'라는 말을 입력하면 언어로부터 기존에 없던 이미지를 창작해 내는 것이다. 그것을 3D 프린터로 인쇄해 나만의 의자를 가질 수 있다. 마찬가지 방식으로 요리도 만들어낼 수 있다. '오늘 하루 힘들었는데 기분 전환이 되는 요리'라고 말하면 나만을 위한 요리를 만들어 줄 것이다. 디지털 세계에서 창작한 뒤 현실로 가져오는 것이 바로 3D 프린터의 역할이다.

그래픽 연산 성능

지금까지 소개한 여러 기술은 어느 정도 성과를 내고 있다. 그런데 인공지능, 블록체인, 확장현실 기술의 발전속도를 제한하는 것은 바로 컴퓨터의 연산속도다. 다시 말해 이들 **기술 발전의 속도는 컴퓨터 연산 성능에 가장 큰 영향**을 받고 있다. 특히 앞에 나온 세 기술은 모두 그래픽 카드의 활용도가 매우 높다. 인공지능 계산은 대부분 엔비디아 그래픽 카드의 쿠다^{Cuda} 프로세서상에서 일어나며, 블록체인 특히 비트코인의 채굴을 위한 연산 역시 그래픽 카드로 이뤄지며 확장현실을 통한 디지털 세계의 시각적 구현 역시 그래픽 카드 성능에 의존적이다. 이러한 수요에 힘입어 그래픽 카드의 연산속도는 지난 10년간 기하급수적으로 증가했다.

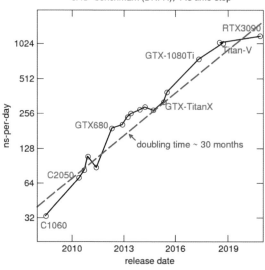

그림 3.36 그래픽 카드 성능 향상 속도[24]

문제는 그래픽 카드 연산속도의 증가보다 데이터의 양과 사람들의 수요가 훨씬 더 빨리 증가했다는 사실이다. OpenAI에서 2020년 발표한 GPT−3라는 언어처리 인공지능 모델을 학습하기 위해서는 슈퍼컴퓨팅 센터 규모의 자원이 필요하며, 일반 회사는 이렇게 학습된 모델을 사용하기조차 버거울 정도로 모델의 크기가 크고 방대하다. OpenAI에서는 큰 모델을 발표하며 몇 가지 후속 논문을 발표했는데 이에 따르면 인공지능 모델의 성능은 모델의 크기에 가장 큰 영향을 받고, 그 다음 학습한 데이터의 양과 학습시간에 영향을 받으며 그 외의 요소가 미치는 영향은 미미

---

24 출처: http://ambermd.org/GPUPerformance.php

하다는 것이다.[25] 이에 많은 기업이 대규모 연산이 필요한 모델 개발을 내놓기 시작했다.

메타버스의 발전은 그래픽을 비롯한 컴퓨팅 연산속도 발전과 흐름을 같이 할 것이다. 다른 요소가 모두 같다 하더라도 연산속도가 빨라지면 더 많은 정보를 처리할 수 있어서 더 많은 콘텐츠를 제공할 수 있기 때문이다. 세계 최대의 그래픽 카드 제조업체인 엔비디아의 CEO인 젠슨 황이 메타버스 세계의 도래를 선포했다. 또 다른 그래픽 카드 제조업체인 AMD 역시 무서운 기세로 성능 개선을 이뤄내고 있으며, 엔비디아와 함께 그래픽 프로세서 제조의 양대 산맥을 이루고 있다.

그러나 현실과 유사한 경험을 제공할 수 있는 메타버스 세계를 구축하기 위한 연산 성능은 여전히 부족한 점이 많다. 특히 3차원 메타버스 세계의 경우 시각화하기 위한 연산이 매우 많기 때문에 하나의 중앙화된 서버에서 담당하기보다는 스마트폰처럼 사용자가 소유한 기기에서 연산을 수행하게 될 것이다. 현재 모바일에서 서비스 중인 3차원 게임을 뛰어넘는 퀄리티의 콘텐츠를 원활히 제공하기 위해서는 여전히 시간이 필요하다.

한편 이는 마치 2000년대 중반 세컨드 라이프와 마이스페이스 대 트위터와 페이스북의 경쟁을 보는 듯하다. 당시의 부족한 그래픽 성능에도 출시된 아바타 기반의 세컨드 라이프와 마이스페이스가 아닌 텍스트 기반의 트위터와 페이스북이 살아남았다. 이는 연산속도가 향상될수록 더욱 현실감 넘치는 디지털 세계가 만들어 질 수 있겠지만 **살아남기 위해 중요한 것은**

---

25 Scaling Laws for Autoregressive Generative Modeling & Scaling laws for neural language models

결국 콘텐츠임을 시사한다.

그러나 한편에서는 현재 메타버스의 도래는 과거의 경우와 다르다고 하는 이들도 있다. 현실을 완전히 모방할 순 없더라도 이미 특정 기능을 수행하기에는 충분히 기술이 발전했다는 주장이다. 따라서 이들은 메타버스의 보급에 가장 중요한 것은 다른 무엇도 아닌 바로 이 연산속도의 향상으로 보는데, 연산 성능이 향상됨에 따라 같은 현재 파편화돼 있는 기능을 통합할 수 있기 때문이다. 이들은 연산 성능이 기하급수로 증가하기 때문에 미래를 대개 선형으로 변하는 것으로 생각하는 사람들의 기대보다 훨씬 성능 향상이 빨리 일어날 것으로 본다.

5G와 클라우드

컴퓨터의 연산속도가 콘텐츠를 생성하고 시각화하는 데 중요하다면 통신속도는 떨어져 있는 다양한 기기와 여러 사람을 연결한다는 점에서 중요하다. 통신 속도가 향상될수록 더욱 많은 사람이 더 많은 정보를 주고받을 수 있기 때문이다. 음성과 사진을 전송하기에도 벅찼던 과거에 비해 획기적으로 향상된 통신 속도는 더 많은 콘텐츠의 공유를 가능하게 했고, 초연결시대의 밑바탕이 됐다. 더 많은 연결이 더 많은 가치를 창출한다는 **네트워크 효과가 발휘되기 위해서 연결의 도구가 되는 통신**은 매우 중요하다.

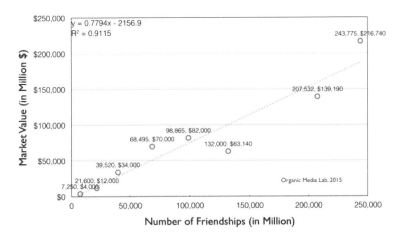

그림 3.37 페이스북의 시장가치 대비 친구관계 수,[26] 친구의 수가 늘어날수록 회사의 가치도 비례해 커지는 네트워크 효과를 관찰할 수 있다.

현재 통신의 대표주자인 5G [5 generation]는 이동통신의 진화과정 중 다섯 번째 세대란 의미다. 1G는 음성으로 무선통화가 가능했고, 2G는 여기에 문자 메시지가 가능해지면서 이동통신이 대중화됐으며 3G에서는 각종 멀티미디어 자료가 확산되는 와중에 스마트폰이 등장했다. 4G 환경이 되면서 유튜브 같은 실시간 영상도 스트리밍으로 시청이 가능해졌으며, 현재의 5G 환경에서는 통신 속도가 급격히 증가하며 대규모 데이터 통신이 필요한 사물인터넷의 대중화와 클라우드 확산 및 현실감 있는 디지털 세계가 열릴 수 있을 것으로 기대되고 있다.

---

26 Organic Media Lab

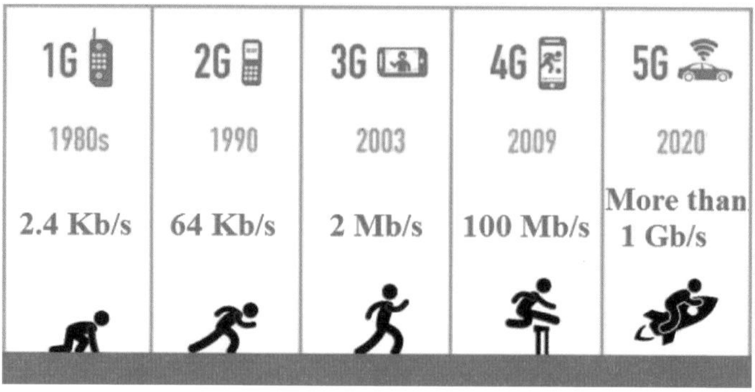

그림 3.38 이동통신의 발달. 세대를 거듭할 때마다 통신 속도는 수십 배씩 빨라지고 있다.

클라우드 서비스란 인터넷을 통해 컴퓨터의 특정 기능을 이용하는 서비스다. 하늘에 떠 있는 구름을 어디에서나 볼 수 있듯이 인터넷을 통해 언제 어디서나 쉽게 서비스를 이용할 수 있다는 점에서 이러한 이름을 붙였다. 메타버스는 다양한 사용자가 접속한 디지털 세계로 이를 통합해 운영하고 관리하기 위해 다양한 서버 시설이 필요하다. 클라우드 서비스는 이러한 기능을 위해 직접 컴퓨터를 구매해 시스템을 구축하는 대신 기능을 세분화해 인터넷을 통해 **필요한 기능을 필요한 만큼만 사용**할 수 있게 한 서비스다.

그림 3.39 아마존의 클라우드 서비스에서 제공하는 다양한 기능. 컴퓨팅, 사물인터넷, 게임, 블록체인, VR&AR 등 각 분야를 포함해 수십 가지의 기능을 제공하고 있다.

대부분 최초로 경험하게 되는 클라우드 서비스는 인터넷상에 개인 파일을 자유롭게 올리고 내려받을 수 있는 스토리지 서비스다. 그러나 클라우드 서비스는 스토리지를 넘어서 인터넷으로 연결해 활용할 수 있는 컴퓨터의 온갖 기능을 포함한다. 대표적인 클라우드 서비스인 아마존의 AWS는 범용 컴퓨터를 빌려주는 EC2, 대용량 파일 저장 서비스인 S3, 서버리스 시스템인 람다^{Lambda}, 관계형 데이터베이스인 RDS 등이 가장 많이 쓰는 서비스이며, 블록체인, 인공지능, VR&AR에 특화된 서비스도 구비돼 있다.

미국의 빅테크 회사 FAAMG(페이스북, 아마존, 애플, 마이크로소프트, 구글) 중 3개 회사인 아마존, 마이크로소프트, 구글이 클라우드에 막대한 투자를 하고 있는 것도 놀라운 일이 아니다. 아마존의 AWS는 약 30%의 시장 점유율을 차지하며 선두 자리를 지키고 있으며, MS 애저는 약 20%, 구글 클라우드는 10%로 뒤를 잇고 있다. 특히 코로나19로 인한 비대면 사회로의 가속화와 기업의 디지털 트랜스포메이션 가속화로 인해 클라우드 시

Source: Amazon Earnings Reports, In Millions Per Fiscal Quarter   GEEKWIRE

그림 3.40 지난 6년간 아마존 클라우드 서비스의 매출과 영업이익. 아마존의 영업이익 중 상당수가 클라우드에서 나오며 지난 몇 년간 지속적인 성장세를 보이고 있다.[27]

27 출처: https://www.geekwire.com/2021/amazon-web-services-posts-record-13-5b-profits-2020-andy-jassys-aws-swan-song/

장의 크기는 수 년째 수십 퍼센트의 성장세를 보이고 있다. 특히 메타버스 같은 대규모 디지털 사회로의 전환이 예상되는 바 클라우드 시장의 성장은 지속될 것으로 보인다.

한편 초창기 클라우드가 사용자의 데이터를 저장할 수 있는 공간을 제공하는 데 집중했던 반면, 최근에는 데이터의 중요성이 더해짐에 따라 기업이 데이터를 저장, 처리 및 분석을 쉽게 할 수 있도록 도와주는 데이터 센터 클라우드가 주목받고 있다. 데이터는 메타버스상에서 생성되는 자원이자 메타버스를 굴러가게 하는 연료이기도 하다. 지금보다 디지털 세계의 역할이 증가함에 따라 더욱 많은 데이터가 생성되고 가공될 것이다. 스노우플레이크snowflake와 데이터브릭스databricks는 데이터 웨어하우스[28] 클라우드를 전문적으로 제공하는 서비스다. 이들은 데이터를 관리하고 가공하는 데 특화된 클라우드 서비스를 제공한다.

메타버스를 위한 클라우드 시스템과 유사한 서비스로 고성능 게임을 위한 클라우드 시스템이 있다. 기존의 게임 파일을 자신의 컴퓨터에 설치하고 실행할 경우 컴퓨터 사양에 따라 할 수 있는 게임이 제한된다. 2019년 구글이 발표한 스태디아stadia는 구글 크롬만 있으면 인터넷으로 구글이 제공하는 시스템에 접속해 고사양 게임을 할 수 있는 서비스다. 예를 들어 최신 3D 게임을 하기 위해서는 수십만 원의 그래픽 카드가 필요하다. 노트북으로 즐기고 싶은 경우 그래픽 카드의 가격은 더욱 올라가고, 스마트폰의 경우 성능의 한계로 게임을 하지 못하는 경우도 생긴다.

---

28 데이터를 분석 가능한 공통의 형식으로 변환해 관리하는 데이터베이스

이 경우 스태디아를 이용하면 월 1만 원대의 구독료만 내고 구글이 제공하는 시스템에 접속해 구글의 그래픽 카드를 활용해 고성능 게임을 실행시키고 인터넷을 통해 해당 화면만 받아와 게임을 즐길 수 있는 것이다.

로블록스 게임은 그래픽이 아주 만족스럽지 않더라도 단순한 그래픽 덕분에 컴퓨터뿐만 아니라 스마트폰에서도 게임을 즐길 수 있다. 메타버스에 적합한 클라우드 서비스가 상용화할 경우 인터넷만 충분하다면 저사양 기기로도 메타버스를 즐길 수 있기 때문에 VR 기기에서 지금과 같은 무거운 연산 장치를 제거할 수 있을 것이다. 이런 점에서 인터넷 속도를 위한 5G와 6G 그리고 클라우드 시스템 성능 향상의 중요성이 드러난다. 한편 클라우드 기반 게임 서비스는 게임을 설치할 필요도 없고 개인별 컴퓨터의 사양을 걱정할 필요도 없다는 장점이 있었지만 인터넷 속도가 충분치 않을 경우 원활히 게임을 즐길 수 없다는 점과 아직까지 콘텐츠가 만족스럽지 못하다는 점에서 고전하고 있다. 그러나 마이크로소프트가 2020년부터 서비스 중인 Project xCloud 같이 클라우드 기반 게임 스트리밍 서비스는 계속해서 확장될 것으로 예상된다.

CHAPTER 4 　　　메타버스의 미래

다가올 메타버스 세계는 디지털 세계로의 여러 부조리가 더욱 심화돼 나타날 수 있다. 개인은 자신의 일부만을 드러낸 디지털 휴먼으로 이 세계에 접속하며 익명화된 개인은 언제든지 폭력적일 수 있다. 초개인화된 커뮤니티에서 다양성은 사라지고 파편화된 혐오가 넘쳐날 것이다. 메타버스 세계 내에서 대량의 사용자 데이터가 발생하며, 이는 메타버스를 운영하는 몇몇 기업에게 독점적으로 주어질 것이다.

메타버스 속 기회는 누구에게나 열려 있지만 모두가 혜택을 입을 수 있는 것은 아니다. 기업은 새로운 세계를 맞이하기 위해 서로 간의 컨소시엄을 구축할 것이고, 개인은 새로운 세계 내에서 자신들의 역할을 찾아갈 것이다.

물론 메타버스가 우리 주변에서 자리잡기까지 수년은 더 걸릴 것으로 생각된다. 이 시기는 우리가 새로운 문화를 받아들이는 기회의 시기이자 한 번도 처해보지 않은 상황을 맞이하게 될 위기의 시기가 될 수도 있다. 4장에서는 먼저 메타버스 시대가 도래하게 되면서 생기는 문제를 살펴보고, 그럼에도 피할 수 없는 시대의 흐름에 어떻게 동참할 수 있을지 논의해본다.

: 해결해야 할 문제

프라이버시와 데이터 보안

안전과 프라이버시라는 가치는 항상 충돌해 왔다. 역사적으로는 국가의 안전과 개인의 프라이버시 충돌의 형태로 자주 나타났다. 국가의 안전이 지나치게 강조되면 공권력이 사회에 큰 영향력을 끼치며 표현의 자유가 억압받는데, 이는 과거 냉전시절 국가정보 기관의 도청 및 감청의 형태로 나타났다. 수많은 이들이 국가 기관의 감시 피해자가 됐다. 한편 개인의 프라이버시가 지나치게 강조되면 폭력과 혐오 역시 자유로운 개인의 표현으로 인정받게 되고, 이는 국가의 안전을 위협할 수도 있다. 21세기 현재에도 안전과 프라이버시 사이의 균형은 나라마다 다르게 나타난다.

더 가까운 곳에서도 이런 사례를 발견할 수 있다. CCTV는 특정 목적을 위해 설치된 폐쇄형 TV다. 대체로 무언가를 관리하거나 예상치 못한 상황을 포착하기 위한 목적으로 쓰이고 있다. 다행히 CCTV는 이러한 역할을 잘 수행해 인간이 항상 지켜볼 수 없는 공간을 끊임없이 기록하고 있다. 지속적인 기록 덕분에 예상치 못한 상황이 발생했을 때 CCTV는 좋은 목격자가 될 수 있다.

안전을 위해서는 얼마만큼의 CCTV가 필요하고 어디까지 촬영을 허용해야 할까? 그것은 사회의 프라이버시와 안전에 대한 의식을 반영한다. 스마트폰으로 동의 없이 누군가를 촬영하고 이용하는 것은 불법이다. 그러나 우리는 길거리의 모든 CCTV가 우리 모습을 찍는 것을 명시적으로 동의하진 않았지만 전혀 이상하게 생각하지 않는다. CCTV는 도난 및 논쟁이 발생했을 때 증거자료로 사용되기 때문에 우리의 안전을 위해 필요하다고 생각하기 때문이고, 그러한 사례를 지속적으로 경험해 왔기 때문이다.

하지만 문제는 안전을 위해 기록을 남기는 활동은 자연스럽지만, 이 기록이 꼭 안전이라는 긍정적 측면만 있지는 않다는 점이다. 회사에서 보안 또는 안전을 위해 직원들이 일하는 사무실에 CCTV를 설치한다면 어떨까? 이는 분명 직원들에게 지나친 프라이버시 침해가 될 수 있다. CCTV 기록이 직원을 감시하는 용도로 사용될 수 있기 때문이다. 코로나19로 인한 동선파악을 위해 출입명부를 작성하는 것 역시 오용될 우려가 있다. 사용자 동선을 파악해 사용자의 취향을 분석하는 데 사용될 수도 있으며, 수기로 작성된 출입명부의 연락처로 광고성 홍보문자를 보내는 업체도 있다.

CCTV는 하나의 사례일 뿐 2021년 대한민국에서는 신용카드 사용, 결제 데이터 등의 금융정보와 병원 사용 기록 및 개인의 질병 같은 의료 데이터, 심지어는 스마트폰의 배터리가 몇 퍼센트가 남아있는지까지 실시간 수집돼 무언가 목적을 위해 사용되고 있다. 특정 플랫폼의 데이터 집중화는 빅 브라더 즉, 독재와 프라이버시 침해의 가능성을 만들어낸다.

2012년 미국의 유통업체인 타깃target은 사용자 데이터를 통해 그들이 임신했는지 여부를 알아내는 프로젝트를 진행했다. 그 과정에서 어느 10대 소녀의 임신 사실을 알게 됐고, 이를 그녀의 동의 없이 신생아 용품 할인 쿠폰을 집으로 발송해 가족들이 알게 되는 사건이 발생했다. 타깃은 쇼핑객 코드, 결제 데이터 등을 수집해 오고 있었는데, 이들은 자신들이 판매하는 몇몇 제품의 판매 정보를 기반으로 임신 예상 점수를 만들어 그 해당 점수가 높은 고객을 목표로 하는 마케팅을 펼쳤던 것이다. 실제 임신한 여성의 경우 필요한 정보를 받을 수 있어 편리함을 느낄 수도 있지만, 누군가에게는 프라이버시 침해가 될 수 있다. 더 많은 사용자 데이터가 있었다면 그들이 알 수 있었던 것은 사실 임신만이 아닌 더 이상의 정보였을 수도 있다.

메타버스는 디지털 세계이고 그곳의 모든 기록은 디지털 데이터로 남는다. 기존 사용자 데이터와는 비교할 수 없을 정도의 광범위한 데이터가 기록으로 남게 될 것이다. 디지털의 특성상 데이터는 자유롭게 복제, 공유될 수 있다. 그러나 현재 개인정보와 관련된 데이터는 더욱 엄격히 관리돼야 하지만 전적으로 운영사의 역량에 맡겨져 있을 뿐이다. 이름이나 집 주소, 나이, 성별 같은 개인정보가 비식별화되지 않은 채 관리되고 사용된다면 이들이 조금이라도 드러나는 경우 피해가 발생하고 신뢰를 잃은 운영사는 전체 서비스를 중단할 수밖에 없을 것이다.

앞서 살펴본 것 처럼 메타버스 세계의 높은 자유도는 더욱 다양한 형태의 개인정보를 남기게 되는데 이는 **역설적으로 메타버스 내 자유를 억압하는 수단**이 될 수 있다. 데이터는 메타버스를 굴러가게 하는 연료다. 인공지능 학습을 위한 재료로도 쓰이고 초개인화 서비스를 위한 고객 분석에도 사용된다. 그러나 아직 데이터의 권리와 윤리적 사용에 대한 논의가 기술의 발전을 따라잡지 못하고 있다. 앞으로 데이터 보안에 대한 요구는 갈수록 높아질 것이다. 과거 많은 개인정보 해킹 사건에서도 볼 수 있듯이 한 번에 수백만 건의 개인정보가 새어 나갈 수 있다. 대한민국에서는 데이터 3법을 통해 개인정보의 기준을 명확히 하고 이를 활용하기 위한 가명정보의 개념을 도입해 데이터 오남용에 대한 위험을 줄이려 하고 있다. 그러나 아직까지 가명처리 기술이 표준화되지 않은 상태이며, 앞으로 **다양한 데이터 사이에서 개인정보에 대한 정의가 더욱 모호해질 것**이다.

반면 프라이버시를 지나치게 강조하다 보면 이를 오남용하는 사람들이 생긴다. 프라이버시가 완전하게 지켜지는 조건에서는 누가 누군지 아무도 알 수 없다. 이 상황에서 개인에게 완전히 도덕적인 행동을 기대하기란 쉽지 않다.

세상에는 다양한 종류의 웹사이트가 있다. 구글이나 네이버는 이들 페이지가 얼마나 중요한 내용을 담고 있는지 평가한다. 그렇게 각 페이지를 점수화해서 갖고 있다가 사용자가 검색하면 해당 검색어와 일치하는 다양한 페이지를 점수에 맞게 표시한다. 즉 '메타버스'란 단어를 검색했을 때 세상에 있는 모든 웹페이지를 다 볼 수 있는 것은 아니며, 이를 제공하는 곳의 의도와 목적에 따라 제한적으로 볼 수 있는 것이다. 그런데 이런 제약조건이 매우 약한 곳이 있는데 이를 '다크웹'이라고 칭한다. 여기서는 일반 검색엔진에서 볼 수 없는 자료를 검색할 수 있다.

다크웹은 익명 게시판과 유사하다. 익명 게시판은 현실의 제약조건에 얽매이지 않고 개인의 자유로운 의견을 표현하기 위해 만들어졌다. 특정인을 확정할 수 없어 처벌의 위험성이 적기 때문에 각종 사회운동이나 내부고발자는 이러한 프라이버시가 지켜질 수 있는 공간에서 활동했다. 그러나 한편에서는 이러한 점을 이용해 위조지폐, 무기거래, 마약거래, 아동 포르노 같은 범죄자들이 이를 악용하기도 한다. 실명제 게시판보다 프라이버시가 완전하게 지켜지는 익명 게시판에서는 더 많은 폭력이 관찰되는 것도 같은 이유다. 분명 지나친 프라이버시의 강조는 타인의 자유를 침해하고 사회의 불안정을 일으킬 수 있다.

동형암호Homomorphic Encryption는 데이터가 암호화가 된 상태에서도 원래 데이터의 성질을 그대로 유지하고 있는 암호화 방식이다. 개인정보를 암호화해 누구인지 알아볼 수는 없게 만들지만 대신 그 통계적 성질을 유지해 분석은 할 수 있게 하는 것이다. 아직까지 이론적인 난제가 남아있지만 동형암호는 안전과 프라이버시를 동시에 지켜줄 유망 기술로 촉망받고 있다.

메타버스는 그 특성상 개인의 신상을 서로 공유하지 않는 경우가 많다. 제한된 정보로는 제한된 소통밖에 할 수 없다. 이는 한편 자신의 일부만 드러내는 부캐 문화로 나타났다. 메타버스 세계가 활성화되고 난 다음에야 수많은 이슈와 논쟁을 거쳐 **안전과 프라이버시 사이의 균형점**을 확인할 수 있게 될 것이다.

파편화와 혐오

과거와는 다르게 2020년 현재 길거리를 걸으며 들리는 노래 중에서 아는 노래가 많지 않다. 압도적인 영향력을 발휘하는 가수의 비율도 줄어들었다. 대신 인터넷 방송을 통해 수많은 가수가 등장했고 그들은 자기만의 개성을 가진 노래를 하기 시작했다. 소위 인디밴드라고 불리는 '비주류의 집합'이 주류가 됐다. 사람들은 이제 자기가 듣고 싶은 노래만 듣는다. 이 책을 읽는 독자들 역시 메타버스라는 키워드에 관심을 갖고 인터넷 검색을 해보면 정말 많은 사람이 메타버스에 관심을 갖고 있음을 알게 되고, 관련 자료도 방대하다는 사실을 알 수 있다. 그러나 한편에서는 IT 대기업에 다니면서도 아직 메타버스라는 단어를 들어보지 못한 사람들도 꽤 발견할 수도 있다. 독자들이 검색해서 본 메타버스 관련 자료의 양은 세상에 퍼져 있는 메타버스의 관심에 비례하는 것이 아니라 독자의 관심도에 비례한 것이다. **스스로도 모르게 우물 안 개구리가** 되기 쉬운 세상이 됐다.

사람이 받아들일 수 있는 정보의 양은 한정돼 있다. 초연결사회에 많은 정보가 연결돼 있다고 하지만 이는 개인이 세상의 모든 정보를 받아들일 수 있다는 뜻은 아니다. 오히려 많은 정보로 인해 개인은 자신의 관심사 주변의 정보도 다 받아들이기가 벅차다. 초연결사회는 오히려 지역화^{localize}를 불러왔다.

메타버스 세계는 자연에서 얻을 수 있는 게 아닌 인간이 만든 산물이다. 따라서 메타버스 세계를 만들 때는 만든 이의 의도와 목적이 포함될 수 밖에 없으며, 각 **메타버스는 각각의 세계관**을 갖는다. 적어도 메타버스 내에 각각의 세계관을 위한 공간이 생겨날 것이다. 메타버스에서는 서로의 세계관이 맞는 사람들끼리 모이는 모습을 보이지만, 동시에 다른 세계관을 가진 사람들과의 혐오가 일어날 수 있다. 노래에서는 서로 다른 취향을 존중해 줄 수 있을지 모르지만 사회, 경제 문제로 넘어오게 되면 논쟁이 된다. 마치 자국의 이익을 우선시하며 서로 간의 대립이 심화되는 국가

관계와 유사하다. 현실에서는 법과 제도가 완충작용을 하지만 메타버스 세계에서 개인의 정보는 일부만 드러나기 때문에 이들의 영향력은 제한적이다.

과거 정치에도 보수와 진보가 있었지만 모두 같은 TV를 보고 신문을 봤다. 하지만 지금의 초개인화 시스템은 내가 보고 싶은 것만을 추천해준다. 같은 의견을 가진 사람들끼리 계속해서 자신들의 생각을 강화해간다. 상대방의 비판을 들을 기회조차 사라져 버리게 되는데, 사람들은 자신이 보고 있는 세상이 세상 모든 사람의 의견이라 착각하게 된다. 잘못된 신념을 가진 사람들이 생겨나고 토론이 사라진 곳에는 분열과 혐오만이 남게 된다.

우리나라는 역사적으로 지역별 정치색이 뚜렷했다. 지역에 살면서 만날 수 있는 이들이 주변인인데 이들이 거의 같은 정치색을 띄고 있기 때문이다. 자연스레 "세상의 모든 사람은 이렇게 생각하는 구나!"라고 받아들이게 된다. 다행히 초연결시대가 되면서 더욱 다양한 사람의 이야기를 들을 수 있게 됐으나 초개인화 시스템은 새로운 '지역주의'인 커뮤니티를 만들어냈다. 커뮤니티 구성원들 간의 상호 피드백으로 **커뮤니티의 의견이 절대다수의 의견이라 생각하기 쉽다.**

여기서 가짜 뉴스에 대한 이슈도 생긴다. 같은 사건도 그것을 서술하는 사람에 따라 뉘앙스가 달라질 수 있다. 어떤 커뮤니티에서는 자연스럽게 받아들이는 내용이 반대되는 의견을 가진 커뮤니티에서는 가짜 뉴스가 될 수 있다. 문제는 이를 판단해줄 절대자가 없다는 것이다. 이에 대한 궁극적인 해결책은 대중이 정보를 비판적으로 수용할 수 있는 능력을 기르는 것이다. 그렇지 못할 경우에는 지금까지 그래왔듯이 분열은 더욱 심각해질 뿐이다.

정보 전달에 대해 다루는 네트워크 이론Network theory에서는 사람들 사이에서 정보가 전달되는 것을 시뮬레이션하기 위한 모델을 만든다. 가장 간단한 모델은 정보는 마치 전염병처럼 퍼진다는 것이다. 이 모델에 따르면 정보는 사람들만의 단순 접촉으로 퍼져나가는 것으로 가정하며, 가령 친구에게 얘기를 듣는다거나 인터넷에서 해당 정보를 한 번 보는 것으로 해당 정보가 퍼져나갔다고 가정하는 식이다. 일견 일리는 있지만 그렇지 않은 경우도 많다. 중요하지 않은 정보일 경우 무시하거나 그 의견에 반대하는 생각을 가질 가능성도 높기 때문이다.

이를 보정하기 위해 정보가 퍼지기 위해서는 적어도 주변 인물 중 특정 수 이상이 해당 정보를 습득하고, 이러한 정보를 빈번하게 마주쳤을 때에야 정보가 퍼져나간 것으로 가정하는 모델도 있다. 여기서 중요한 것이 바로 같은 뜻을 공유하는 무리cluster이다. **같은 무리 사이의 정보는 상호 강화돼 점점 더 자신의 생각이 옳다고 여기게 된다.** 이것이 일반인들 사이에 통용되지 않는 생각도 그들 사회에서는 아주 일반적인 생각이 된다.

오프라인 사회에서 이러한 무리가 강하게 형성되기는 힘들다. 사람들은 하루 일과 중에도 다양한 곳에서 다양한 모습으로 살아가기 때문에 다양한 정보를 습득할 기회가 많아지고, 같은 무리들 사이의 상호 강화 현상이 적다. 그러나 메타버스의 자유로움은 오직 자기가 듣고 싶어 하는 얘기만 해주는 사람들끼리 사회를 이룰 수 있게 해준다. 소셜미디어가 처음 나왔을 때는 많은 사람을 연결시켜 소외되는 이를 없애리라 기대했다. 그러나 소셜미디어로 인한 온라인 인간관계는 파편화됐고, 여기에 더해 오프라인상의 인간관계의 단절을 유발했다. 사람들은 점차 자신이 보고 싶은 것만 보게 된다.

특히 하나의 개인이 여러 모습으로 존재할 수 있는 메타버스에서 다수의 의견이란 무엇이고 어떻게 알 수 있을지에 대한 이슈도 있다. 지금도 댓글 부대를 운용하거나 리뷰를 조작해 소수의 사람들이 다수의 의견을 가장하는 사례가 적지 않다. 디지털 휴먼의 프라이버시와 자유로움이라는 장점이 오히려 단점이 될 수 있다. 여기에 형식적인 온라인 인간관계로 인한 불편함은 과연 소셜미디어 같은 메타버스가 '의미 있는' 연결을 하고 있는지 그리고 할 수 있을지에 대한 의문을 불러일으킨다. 결국 중요한 것은 디지털 세계의 아바타가 아니라 '나'라는 사람이다. **진짜 '나'를 잃어버린 세계 속 나는 속이 비어있는 껍데기**일 뿐이다.

메타버스에서 나는 나 자신이 아닌 아바타로 활동한다. 아바타는 내 전체 모습이 아닌 일부분만을 드러낸다. 내가 드러내고 싶지 않은 부분은 드러내지 않을 수 있는 것이다. 메타버스는 현실보다는 훨씬 더 익명화돼 있다. 사람들은 익명성 뒤에서 폭력적일 수 있다. 쉽게 말하면 현실에서는 한 다리 건너면 아는 사람들이 있으니 조심해야 할 인간관계가 있지만 메타버스에서는 그런 게 없다. 그 사회에서 추방되더라도 또 다른 아바타를 만들면 되기 때문이다.

자본주의의 시작을 알린 애덤 스미스^{Adam Smith}는 저서 『국부론^{The Wealth of Nations}』에서 설명한 '보이지 않는 손^{invisible hand}' 이론으로 잘 알려져 있다. 누가 개입하지 않아도 수요자와 공급자가 서로의 이익을 추구하는 과정에서 자유롭게 가격이 형성되고 거래가 일어난다는 원리다. 그러나 애덤 스미스가 인간의 이기심을 인정한 것은 유명하지만 사실 그는 『국부론』의 보이지 않는 손보다 자신의 또 다른 저서인 『도덕감정론The Theory of Moral Sentiments』을 더욱 아꼈다. 그는 개인이 이익추구와 더불어 자신의 행동을 절제하고 사회적 책임을 다하는 이들로 이뤄진 사회를 꿈꿨다.[1]

메타버스의 자유로움은 완전한 자유로움이 아닌 적절한 관리하에 이뤄져야 한다. 그리고 이기심을 배출하는 통로가 아니라 **따뜻한 마음과 사회적 책임을 다하는 성숙한 시민**들로 이뤄져야 한다.

기술 난제와 메타버스 독점

컴퓨터 CG가 처음 나왔을 때 이를 구현하기 위한 비용은 천문학적이었음에도 결과물은 현실과 이질적이고 자연스럽지 못했다. 우리나라의 최초의 디지털 휴먼이라 불리는 사이버가수 '아담Adam'은 실제 가수의 노래를 컴퓨터 CG로 구현한 것인데, 1990년대 후반의 기술로는 비용과 품질의 문제를 해결할 수 없었다. 이는 20년이 지난 2020년에 와서야 컴퓨터 비전 인공지능을 이용해 어느 정도 해결해 가고 있다. 이처럼 콘셉트 제품이 나온 뒤 이것이 상용화되기까지는 수십 년의 시간이 걸리기도 한다.

메타버스는 다양한 디지털 기술의 융합으로 생겨난다. 앞에서 언급한 디지털 휴먼 역시 하나의 기술 요소로 들어가며, 이외에도 책에서 살펴본

---

1   출처: https://dbr.donga.com/article/view/1206/article_no/8545/ac/a_view

다양한 기술이 모두 어느 수준 이상의 성숙이 필요하다. 다시 말해 기술이 충분히 성숙되지 않으면 비싼 비용을 들였지만 지속 가능하지 못한 과거의 디지털 휴먼과 같은 상황이 반복될 수 있다.

다행스럽게도 많은 기술이 메타버스를 일부 구현할 정도의 수준은 넘어서고 있다. 인공지능, 블록체인, 확장현실, 3D 프린터, 클라우드는 각 영역에서 일부 성공을 거뒀으며 이제는 서로의 영역을 넘나들며 융합이 진행되는 중이다. 그러나 아직 사람들의 기대에 비하면 갈 길이 먼 것도 사실이다.

인공지능은 패턴인식이라는 현 패러다임하에서 낼 수 있는 성능이 한계에 가까워지고 있다. 인공지능에서도 아이디어보다는 OpenAI의 GPT-3 같이 대규모 자본으로 승부하는 시대가 도래하고 있고, 정말 인간과 같은 사고방식을 하는 강 인공지능strong AI 2의 등장은 그 실마리조차 잘 보이지 않는다.

블록체인 역시 암호화폐 투자처로서의 인기에 비해 새로운 가치를 창출하는 서비스는 드물다. 2017년 이후 많은 탈중앙화앱dApp이 나왔지만 광범위한 영향력을 가질 정도로 성장한 것은 탈중앙화 금융De-Fi과 NFT 정도이며 이마저도 아직까지는 투자가치로서 의미를 가진 경우가 대부분이다.

2　범용 인공지능(AGI, Artificial General Intelligence)은 컴퓨터로 사람과 같은 또는 그 이상의 지능을 구현하는 것을 의미하며, 알파고(AlphaGo)처럼 특정 문제만을 해결하는 인공지능은 좁은 인공지능(ANI, Artificial Narrow Intelligence)이라 한다. 한편 범용 인공지능의 구현 가능성과 관련해 많은 논쟁이 있으며 관련 가설로 약 인공지능(weak AI)과 강 인공지능(strong AI)이 있다. 약 인공지능은 인공지능 컴퓨터가 실제 지능이 있는 것이 아니라 지능이 있는 것처럼 보일 뿐이라는 가설이며, 강 인공지능은 실제로 지능이 있다고 보는 가설이다(출처: 한국정보통신기술협회).

확장현실 역시 기기 보급과 콘텐츠의 양과 품질 부족의 문제를 안고 있다. 여전히 확장현실 기기의 비용은 적지 않으며 사용감이나 편안함의 만족도가 높지 않다. 사용자가 많지 않다 보니 관련 콘텐츠의 수도 적고 이를 개발하는 곳도 적다. 2010년에는 카카오톡 같은 국민 앱을 통해 스마트폰을 쓰지 않으면 대화에 낄 수 없었던 적이 있었다. 당시 짧은 기간 안에 수많은 사람이 스마트폰으로 이동했다. VR에서는 어떤 앱이 스마트폰의 카카오톡 같은 역할을 할 수 있을까? 지속적인 투자가 이뤄지고는 있지만 아직까지 생활 필수적인 부분에서 가치를 제공해 꼭 VR 기기를 이용해야만 하는 서비스는 잘 보이지 않는다.

3D 프린터는 일부 영역에서는 이미 많이 활용되고 있다. 딱딱한 고체 형태의 소품은 현재 나와있는 3D 프린터만으로 충분히 원하는 품질의 제품을 얻을 수 있다. 그러나 이외의 영역에 대해서는 재료와 크기 그리고 속도의 제한이 크다. 가령 3D 프린터를 통해 서랍을 프린트할 수는 있지만 옷을 프린트할 수는 없다. 종이 인쇄가 흑백 잉크젯 프린터에서 컬러 레이저 프린터로 넘어온 것처럼 업그레이드가 필요하다.

통신망 역시 막대한 통신량과 속도를 감당하기에는 아직 부족하다. 출근시간 서울의 지하철에서는 인터넷 속도가 확연히 느려진다. 스트리밍 영상을 보거나 게임을 하는 사람들의 막대한 통신량을 감당하기 어렵기 때문이다. 메타버스는 2D가 아니라 3D다. 지금보다 훨씬 많은 데이터가 실시간으로 전송돼야 한다.

이러한 기술의 한계가 메타버스 세계의 불가능을 의미하는 것은 아니다. 그러나 이상적인 메타버스 세계는 생각보다 멀리 있을 수도 있으며, 앞으로 기술이 발달함에 따라 메타버스의 각 부분이 하나씩 채워질 것이다. 긴 호흡이 필요하다.

기술 난제는 자연스럽게 콘텐츠 부족으로 이어진다. 하나의 콘텐츠를 만드는 데 비용소모가 크기 때문이다. 인기가 많다는 제페토나 로블록스도 당장 중고생 이상만 돼도 흥미가 급격히 떨어지고 성인들은 거의 이용하지 않는다. 유튜브의 다양하고 질 좋은 콘텐츠를 따라가지 못하기 때문이다.

현재 메타버스 세계를 구성할 때 **'높은 자유도 및 현실감'과 '콘텐츠의 질'사이에는 트레이드오프 관계**가 있다. 자유도와 현실감이 높아질수록 해당 플랫폼 내 콘텐츠를 생산하기 어려우며, 현재의 RPG 게임처럼 자유도와 현실감을 어느 정도 제한하는 경우 콘텐츠의 질을 높이는 게 가능하다. 인공지능은 '자유도도 높은 세상에서 질 좋은 콘텐츠를 생산할 수 있는 도구'를 만들 수 있는 좋은 수단이지만 아직 널리 쓰이기에는 소프트웨어나 하드웨어 모두 발전이 필요한 실정이다. 물론 높은 자유도와 현실감을 구현할 수 있는 기술적 한계와 콘텐츠 부족은 시간이 가면 해결될 수 있는 문제다. 그러나 성인들도 충분히 즐길 수 있는 콘텐츠가 자리잡기까지는 적지 않은 시간이 필요할 것으로 생각된다. 이는 페이스북의 호라이즌 같은 SNS에서 시작될 수도 있고, 리니지 같은 RPG 게임에서 시작될 수도 있을 것이다.

사실 콘텐츠 문제는 비단 기술의 한계에만 국한된 것은 아니다. 아이돌 그룹의 꿈과 사랑을 그린 드라마 「이미테이션」은 카카오 엔터테인먼트에서 기획하고 KBS에서 방영하며 여러 현직 가수와 배우들이 출연했음에도 불구하고 대부분의 시청률이 1% 미만에 머물렀다. 이에 한 영화평론가는 "팬덤이 많은 K팝 콘텐츠라고 무조건 성공할 수 있는 것은 아니다."면서 "결국 영화는 탄탄한 시나리오와 매력 있는 캐릭터 등이 결정하는 것이다." 라고 말했다.[3] 기술적 난제를 해결하려는 시도도 결국은 고객의 지속적 관심을 끌 수 있는 콘텐츠를 생성하기 위함을 잊어서는 안 된다. 이런 점에서 제페토를 만든 네이버 제트와 다양한 IP를 보유한 네이버 웹툰의 협력 같은 기술과 콘텐츠의 결합이 증가할 것이다.[4]

한편 메타버스는 데이터 독점 문제를 야기할 수 있다. 플랫폼에서 발생한 데이터는 플랫폼에서 관리한다. 예를 들어 유튜브는 영상뿐만 아니라 사용자가 그것을 얼마나 보고 좋아하는지에 대한 정보도 관리하고 있다. 싸이월드와 인스타그램에 올린 사진과 글도 직접 컴퓨터에 다운로드하지 않는 이상 플랫폼에서 관리를 해준다. 플랫폼은 자신의 서비스에서 발생하는 데이터에 대해 거의 독점적으로 소유하고 활용할 수 있다.

기존의 플랫폼 사업이 그래왔듯이 하나의 독점적인 플랫폼이 등장하기 전까지는 여러 유사한 플랫폼이 경쟁을 벌이는 시기가 있다. 앞으로 우후죽순처럼 여러 메타버스 플랫폼이 등장할 것이고, 이들이 정리되는 데는 시간이 필요하다. 과거의 소셜미디어는 이 과정을 통해 몇 개의 기업으로 정리됐고, 이 플랫폼 기업은 사용자 정보를 독점적으로 활용한다. 꼭 메타버스까지 가지 않더라도 이미 커머스, 택시 등 시장의 주도적인 플레이어가 자리잡은 산업군에서는 이에 대한 불만의 목소리가 터져나오고 있다.

---

3 출처: https://m.mk.co.kr/news/culture/view/2021/07/715814/

4 출처: https://n.news.naver.com/article/011/0003934967

자유경쟁의 결과로 나타난 주도적 플랫폼 사업자가 자유경쟁을 저해시킬 수 밖에 없는 구조는 아이러니하다.

플랫폼으로 인해 수많은 데이터가 수집돼 인사이트를 주기도 하지만, 한편에서는 이로 인해 소수가 다수를 관리하기 쉬운 세상이 됐다. 카드와 POS 데이터를 종합해 "강남구 XX 아파트에 사는 40대 남성이 2021년 6월 7일 21시 30분 용산구 YY 음식점에서 ZZ 카드로 AA 음식점에서 BB, CC, DD를 결제했다."는 데이터를 만들어 낼 수 있으며 실제로 이러한 데이터는 다양한 데이터의 결합으로 만들어져 사용되고 있다. 전국의 택배 배송과 음식 배달 역시 몇몇 회사에서 실시간으로 관리되는 중이다. 비즈니스 측면에서 더욱 나은 서비스를 제공한다는 명목하에 데이터는 점점 모일 수 밖에 없다. 그러나 데이터의 독점은 프라이버시를 침해할 소지를 남긴다.

메타버스는 아직 독점적인 서비스가 나오기 전 다양한 서비스가 경쟁하는 상태다. 이러한 현상을 염두에 두고 비즈니스 전문 언론인「테크크런치TechCrunch」는 현재는 **메타버스가 아닌 멀티버스** 시대라고 말했다.[5] 메타버스 세계의 자유로움은 더욱 다양한 데이터를 수집할 수 있게 해준다. 지금의 멀티버스가 아닌 하나의 집단에 의해 관리되는 메타버스가 올 것인가? 그리고 그것이 우리가 원하는 세상일까?

---

5   출처: https://techcrunch.com/2020/02/25/virtual-worlds-intro/?guccounter=1&guce_referrer
=aHR0cHM6Ly93d3cuZ29vZ2xlLmNvbvS8&guce_referrer_sig=AQAAAFrQ5JqdyLRV43rEix2hLYiy
WV2UDiRbP60JMViM-ssNjrqG5wRe7XVAdZJiUTGaa6xJ6SH8ebQE_cn8u9GRwg0SC02
YqG6VoccKeCuB-N_fYARzE7ct7oijDPlREfxTmUYanA3rvq6-la33dPBelh7EBuBvnOQxATygNe
9p8NZR

노동의 변화

메타버스 세계가 도래하고 많은 것이 **디지털화**되며 직업군도 변하고 있다. 코로나19로 인해 IT 업체는 이례적인 호황기를 맞이하고 있지만 이에 비례한 고용창출이 실현되고 있지는 않다. 과거와 달리 디지털 기술을 통해 업무의 많은 부분에서 자동화가 가능해졌기 때문이다. 고용노동부의 통계

구분	2016년	2017년	2018년	2019년	2020년
임금근로자	19,233	20,006	20,045	20,559	20,446
정규직	13,077	13,428	13,431	13,078	13,020
비정규직	6,156	6,578	6,614	7,481	7,426

그림 4.1 국내 임금근로자, 정규직, 비정규직 근로자 수의 변화(단위: 천명)[6]

---

6   e-나라지표(https://www.index.go.kr/potal/main/EachDtlPageDetail.do?idx_cd=2477)

에 따르면 정부의 비정규직의 정규직화 의지에도 불구하고 비정규직이 급증하고 있으며, 이들 중 대다수가 노인들의 아르바이트 활동이다.

인류의 평균적인 지능 수준은 선형적으로 증가한다. 인간의 능력은 큰 변화가 없겠지만 교육방식의 변화와 교육받는 이들이 증가함에 따라 조금씩 증가하고 있다. 그러나 기술의 발전은 지수함수로 증가하고 있다. 기술의 발전이 비선형인 지수함수로 증가하는 이유는 하나의 기술이 유망할 경우 먼저 이에 대한 자본이 투입돼 발전이 시작되고, 이에 맞춰 인재들이 해당분야를 찾기 때문에 발전은 가속화된다. 과거에는 생산요소를 자본, 노동, 토지로 봤지만 디지털 시대에는 토지는 플랫폼으로 대체될 것이다. 자본과 인력이 있는 곳에 플랫폼이 생기게 돼 기술은 그야말로 지수함수로 성장한다. 그리고 이에 따라 이런 업무를 수행하기 위해 요구되는 평균 지능도 높아진다.

19세기 인간은 기계 산업혁명을 맞이했다. 기계 자동화가 일어난 산업혁명의 경우 기존의 노동력이 필요한 일을 기계가 대신하며 많은 일자리가 사라질 것으로 예상했으나 시간이 지나며 오히려 새로운 형식의 일자리가 더욱 많이 생겨났다. 이를 앞으로 다가올 산업혁명에 똑같이 적용하기는 쉽지 않다. 과거 기계 산업혁명으로 생겨난 일자리를 하기 위해 요구되는 평균 지능은 인간 전체의 평균 지능보다 낮다. 대부분 몸을 이용해 기계를 이용하거나 관리하는 일이기 때문이다. 그러나 인간 전체의 평균 지능이 선형적으로 증가하는 반면 기술의 발전은 지수함수이기에 앞으로 **다가올 산업혁명의 일자리에서 요구되는 평균 지능은 인간 전체의 평균 지능보다 높을 것이다.** 물론 단기간 내에 이 현상이 가시적으로 드러나지 않을 수도 있지만 지능 교차점은 멀지 않은 시기에 반드시 올 것이다.

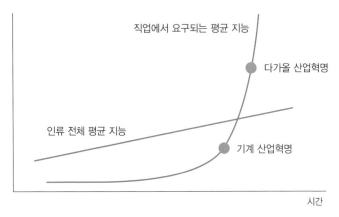

그림 4.2 인류 전체 평균 지능의 변화와 직업에서 요구되는 평균 지능의 차이. 직업에서 요구되는 평균 지능이 기하급수적으로 증가하며 이를 따라가지 못하는 노동자들이 생기게 된다.

앞으로의 직업은 **누구나 할 수 있는 일이 아니다.** 소수의 사람이 많은 일을 하고 그 성과를 얻는 부익부 빈익빈 구조가 더욱 광범위해질 것이다. 이미 이런 현상이 주변에 펼쳐지고 있다.

기계 산업혁명이 하드웨어 자동화로 인해 촉발됐다면 다가올 산업혁명은 소프트웨어 자동화로 인해 촉발되고 있다. 이제 사람들은 현실 속 공장에서 일하는 것이 아니라 플랫폼이라는 온라인 공장에서 일을 한다. 인공지능 같은 소프트웨어 자동화를 위해서는 대량의 데이터가 필요하다. 초기 인공지능 비즈니스는 훌륭한 모델을 개발하는 데 초점이 맞춰져 있었다면 최근의 트렌드는 인공지능 모델을 학습하기 위한 데이터를 발생시키고 가공하는 데 초점이 맞춰져 있다. 모델이 어느 정도 개발됨에 따라 이제는 데이터의 양과 질로 승부하는 시대가 됐기 때문이다. 문제는 플랫폼 공장의 노동자는 과거 산업혁명 당시 가혹한 노동환경 속 노동자들처럼 산업혁명의 혜택을 직접적으로 누리기 힘들다는 점이다. 많은 노동자는 현실에서는 새벽 택배 배송과 음식 배달에서, 디지털 세계에서는 데이터를 분류하고 정제하는 작업에 종사하고 있다. 디지털 세계가 온다 하더라도 급격하게 노동의 소멸이 올 것 같진 않다. 다만 노동의 소멸이 오기보다는 노동자 다수의 삶의 질이 급격하게 나빠질 수도 있으리라 예상한다.

최근 자산가격의 급등으로 인해 노동의 가치에 대한 회의감이 늘어나고 있다. 테슬라, 엔비디아 같은 다국적 기업의 주가는 5년도 안 되는 시기에 10배 이상 상승했으며, 전체 주식시장 역시 2020년 코로나19로 인한 급락 이후 사상 최고 호황기를 누리고 있다. 특히 2017년부터 이어져온 암호화폐 투자로 단기간에 많은 돈을 번 사례가 나오며 대중의 관심을 끌고 있다. 월급 빼고 모든 것의 가격이 오르기에 직장에서 한달 열심히 일해 3백만 원을 버는 것보다 주식이나 비트코인에 3백만 원을 넣어 두 배로 만드는 것이 더 쉬워 보일 정도다. 투자소득이 근로소득을 앞지르는 세상에 많은 노동자가 근로의욕을 잃고 있다.

새로운 세계에서는 지금보다 더 많은 노동자가 저임금 노동으로 하루하루를 연명할 수 있다. 그리고 그 적은 돈으로 원하는 삶을 살 수 없기에 일확천금을 노리고 변동성이 높은 투자처에 관심을 갖게 되지만 실제로 큰 돈을 벌게 될 확률은 거의 없다. 메타버스 시대에 **이런 쳇바퀴는 더욱 다양화되고 광범위해질 가능성이 높다.**

그 외의 문제

메타버스는 현실을 모방하고 현실은 메타버스의 영향을 받는다. 이들이 공존하기 위해서는 다양한 이슈가 있는데, 이 중 몇 가지만 더 살펴보겠다.

메타버스 내에서 자체적인 경제활동이 일어날 것이다. 지금도 플랫폼 내의 금융활동은 일어나고 있지만 기능은 제한적이다. 그러나 다양한 기능이 통합돼가며 플랫폼 내 자체화폐만으로도 실제 금융시장과 유사한 환경이 펼쳐질 수 있다. 문제는 플랫폼 내에서 일어나는 금융활동이 법의 감시망을 벗어날 우려가 있다는 점이다. 이로 인해 안전 문제뿐만 아니라 세금징수의 문제도 생긴다. 메타버스 내에서 지금보다 훨씬 자유로운 경제사회가 만들어질 경우 이를 이용한 탈세 시도도 많아질 것이다. 실제로 블록체인의 익명성을 악용한 국가기관의 감시망을 빠져나가려는 시도가 많았고, 정부차원에서 이들을 불법으로 규정하기도 했다. 메타버스 내 경제활동에 대한 관리는 어떻게 이뤄질 것인가?

현실의 사회시스템 및 경제시스템과의 연관관계도 고려해야 한다. 예를 들면 공무원은 수익을 얻을 수 없다. 그러나 공무원 역시 메타버스 안에서 부캐를 만들어 수익사업을 할 수 있다. 메타버스 내의 부캐만 보고 그 사람의 원래 모습을 알아차리기는 힘들다. 메타버스 내에서 얻은 수익으로 그곳에서 구매하고, 해당 물건을 실제로 배송시켜 받더라도 국가에서 이를 알아차리고 주의를 주는 것은 불가능에 가깝다. 결국 국가 시스템을 넘어서는 영역이 생길 수밖에 없다.

현실 세계의 법을 메타버스 내에 그대로 적용하기도 어렵다. 메타버스 상의 아바타에 대한 비난을 모욕죄나 명예훼손으로 볼 수 있을까? 캐릭터의 권리가 있다고 볼 수 있는가? 현재 게임이나 SNS 내 특정성, 공연성, 모욕성 등이 포함된 비난으로 인한 모욕죄나 사실 적시를 포함한 명예훼손에 대한 처벌이 이뤄지고 있다. 그러나 자기 자신을 온전히 드러내지 않고 부캐로 활동하는 메타버스 내에서 이런 구성요소를 모두 갖추기는 힘들다. 메타버스가 대중화되고 비난 표현에 대한 이슈가 제기됐을 때 메타버스 내 모욕죄와 명예훼손에 관해서는 새로운 규칙을 적용해야 할 것이다.

또 다른 사례로 어스2 같이 지구라는 현실을 그대로 본떠 만든 디지털 세계의 부동산 플랫폼의 경우, 같은 지역 땅의 실제 소유주와 디지털 세계의 소유주 간의 분쟁이 발생할 수도 있다. 현실 속 땅 주인은 국가가 공인해 주지만 우후죽순 생겨난 메타버스 세계 내 땅 주인은 플랫폼이 공인해 준다. 플랫폼의 공인은 플랫폼을 벗어나 버리면 의미가 없어진다. 그러나 현실 속 땅을 타인이 메타버스 내에서 모방하고 소유권을 주장해 사람들을 현혹시킬 수도 있을 것이다.

현실에서 적용되는 규제가 메타버스 내에서까지 적용되지는 못할 것이다. 그렇다고 그대로 둘 수만은 없을 것이다. 현실과 메타버스 내 규칙의 차이를 어떻게 조화롭게 풀어갈 수 있을까? 나아가 메타버스 내에서의 위법행위를 현실에서 알아내서 처리할 수 있는가?

한편 재미있는 게임을 접하면 빠져 나오기가 쉽지 않다. 현실의 제약조건에서 벗어나 자유롭게 행동할 수 있을뿐더러 게임 속에서는 현실의 조건이 어떻든지 게임만 잘하면 그 실력으로 인정받을 수 있기 때문이다. 게임 같은 디지털 세계가 현실도피의 수단이 되고, 사용자는 디지털 세계에 매몰돼 버릴 수 있다. 그러나 메타버스를 구축하고 이용하는 데 현실의 자원을 소모한다는 점을 잊어서는 안 된다. 기업의 입장에서는 메타버스 세계를 구축하기 위한 기술 인력과 시간뿐 아니라 이를 유지하기 위한 서버와 데이터 관리를 위한 비용도 만만치 않다. 사용자 입장에서도 현실의 시간을 소모해 메타버스 세계에 자신의 공간을 구축하는 것이다. 현실의 해야 할 일이 메타버스를 이용하는 데 드는 기회비용인 셈이다. 사용자가 두 세계 사이에서 균형점을 찾아 건전한 생활을 유지할 수 있을지에 대한 의문도 있다.

한편 근본적으로 다양한 디지털 기기를 통해 마주하는 디지털 세계가 얼마만큼 현실감이 있을지에 대한 의문도 생길 수 있다. 아무리 화질 좋은 디스플레이로 보더라도 디지털 세계는 디지털 세계이지 현실이 아니다. 인간의 오감을 모두 완벽하게 자극할 수 있는 디지털 기기가 만들어질 수 있을까? 그렇다면 언제쯤 가능할까? 아직은 그 실마리를 알 수 없을 만큼 요원하지만, 일론 머스크가 설립한 뇌 연구 스타트업 뉴럴링크가 뇌를 자극해 감각을 느낀 것처럼 착각하게 만드는 기술은 하나의 방법이 될 수 있을 것이다. 만약 뉴럴링크 방식으로 인간의 오감을 완벽히 자극할 수 있다고 하면 아름다움과 슬픔을 느끼던 인간의 오감은 조작 가능한 하나의 대상이 되는 것일까? 기술에 앞서 **메타버스 세계를 받아들일 법, 규칙과 도덕 그리고 우리의 세계관 정립**이 필요하다. 준비되지 않은 상태는 위험하다.

: 메타버스와 함께하기

메타버스와 산업

메타버스는 새로운 산업영역으로 기업과 개인 모두에게 새로운 비즈니스 기회를 제공할 것이다. 현실의 제약이 미치지 않는 훨씬 자유로운 공간 속에서 기업에게는 기술과 콘텐츠 확산을 통한 새로운 산업영역이 펼쳐질 것이며, 개인에게는 새로운 형식의 콘텐츠 크리에이터라는 영역이 생겨날 것이다. 말 그대로 또 하나의 지구, 또 하나의 작업공간이 생기게 되는 셈이다. 이에 따라 메타버스와 관련된 국가과제가 대거 생겨나고 있으며, 벤처투자계의 메타버스 관련 기업 투자액도 지속적으로 증가하고 있다. 적어도 향후 몇 년간 메타버스에 대한 투자는 끊이지 않을 것이고 결과물에 따라 진정한 의미의 메타버스(현실 같지만 현실의 한계를 뛰어넘는 디지털 세계)가 구현될지 아니면 현재처럼 그 일부분만 구현된 상태로, 그렇지만 지금보다는 훨씬 고도화된 상태로 지속될지 결정될 것이다.

　현재 메타버스 산업을 주도하는 곳은 SNS나 대형 게임회사다. 이들은 기존에 제공하는 서비스 위에 메타버스를 결합하기 용이하기 때문이다. 글로벌한 관점에서 대표적인 SNS인 페이스북은 VR 속에 소셜미디어와 게임 요소를 결합한 메타버스를 꿈꾸고 있으며, 〈로블록스〉나 〈포트나이트〉는 게임에 기반한 서비스에 소셜미디어 요소를 더하고 있다. 국내의 경우 다양한 엔터테인먼트 콘텐츠를 보유한 하이브의 팬 소통 플랫폼인 위버스Weverse가 네이버 기술과 협력한 서비스를 준비 중에 있으며, 엔씨

소프트의 메타버스 플랫폼인 유니버스는 카카오가 협력하고 있다.

구분		내용

구찌
(패션)
		– SNS 기반 메타버스 플랫폼, '제페토'와 제휴해 구찌 IP를 활용한 아바타
		  패션 아이템 출시 및 브랜드 홍보 전용 공간을 구축
		– 모바일 테니스 게임, '테니스클래시'와 제휴해 게임 속 캐릭터 의상을
		  출시했으며, 해당 의상을 실제 구찌 웹사이트를 통해서도 구입 가능

루이비통 (패션)		– 게임 기반 메타버스 플랫폼, 'LOL'과 제휴해 루이비통 IP를 활용한 LOL 캐릭터 의류, 신발, 가방, 액세서리 등 총 47종 아이템 제작 · 출시
나이키 (패션)		– '제페토'와 제휴해 아바타용 신발 등 패션 아이템 출시 – 게임 기반 메타버스 플랫폼, '포트나이트'와 협력해 아바타 신발 아이템 출시
YG, JYP 외. (엔터테인먼트)		– '제페토'에 소속 연예인에 특화된 전용 가상공간을 만들고 소속 연예인 아바타를 배치해 사인회, 공연 등 이벤트 개최
디즈니 (엔터테인먼트)		– '제페토'에서 겨울왕국 캐릭터를 활용한 아바타 출시 – '포트나이트'에서 마블 캐릭터를 활용한 아바타 의상 등 아이템 출시
LG전자 (제조)		– 게임 기반 메타버스 플랫폼, '동물의 숲' 게임 공간에 LG 올레드 TV를 소개하고 게임 이벤트 등을 개최하는 올레드 섬(OLED ISLAND) 마련

다이아TV
(방송)
		– '제페토'와 CJ ENM의 1인 창작자 지원 사업 다이아TV(DIA TV)가 제휴를
		  맺고 다이아TV 유튜버의 제페토 진출, 제페토 내 인플루언서의 유튜버
		  진출 등 상호 협력 추진

순천향대 (교육)		– SKT 메타버스 플랫폼, '점프VR' 내 순천향대 본교 대운동장을 구현 뒤, 대학총장과 신입생들이 아바타로 입학식 진행
한국관광공사 (공공)		– '제페토'에 익선동, 한강공원 등 서울의 관광지를 모사한 가상공간을 만들고, 제페토 해외 이용자를 대상으로 한국 여행 홍보 이벤트 진행

*출처: 관련 주요 언론 보도 및 홈페이지 자료 기반 SPRi Analysis

그림 4.3 메타버스 플랫폼과 IP 사업자 제휴, 협력[7]

메타버스 속 비즈니스 기회가 빅테크 대기업에게만 주어진 것은 아니다. 그러나 중소기업이 모든 기술을 다 갖추고 메타버스를 완전하게 구축하기는 매우 어렵다. 그리고 만약 구축했다 하더라도 SNS의 역사가 그러하듯 여러 개의 메타버스가 경쟁하는 시기가 지나면 결국 메타버스 역

---

7 이승환, 한상열, 「메타버스 비긴즈(BEGINS): 5대 이슈와 전망」, 소프트웨어정책연구소, 2021년

시 몇 개의 서비스로 정리될 수밖에 없을 것이다. 따라서 기업은 메타버스의 각 요소를 내재화하기보다 **각자의 강점을 갖고 컨소시엄의 형태**로 가는 편이 미래를 봤을 때 더욱 경쟁력을 갖추는 방법이다. AI 회사와 VR 회사, 블록체인 회사가 함께 만나 각자 강점을 보유한 분야에서 역할을 수행하는 편이 한 회사에서 갖고 있지 않은 기술을 새로 개발하는 것보다 시간과 비용이 적게 든다. 컨소시엄 내에서 각 기업은 메타버스 생태계 내에서 일부 역할을 수행하는 것인데 이러한 형태는 블록체인에서 빈번히 활용되고 있는 모델이다.

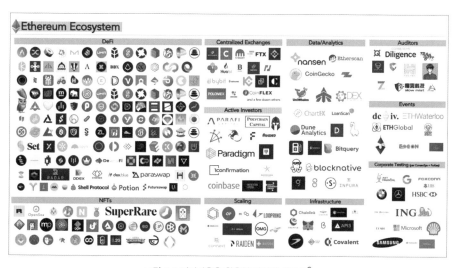

그림 4.4 이더리움을 활용한 다양한 서비스[8]

---

8   https://i.redd.it/ecdgv8a8gco61.jpg

가장 유명한 블록체인 생태계인 이더리움 생태계에는 수많은 기능을 수행하는 회사가 협력하고 있다. 회사는 이더리움상에서 작동하는 다양한 애플리케이션을 제작한다. 이더리움 위에서 게임이나 SNS뿐만 아니라 증권 거래소, 경매, 보험 등 다양한 애플리케이션이 서로 협력하고 있다. 복합적인 콘텐츠를 제공하고 경쟁력을 지니기 위해서는 메타버스 역시 이런 컨소시엄의 형태로 이뤄질 것이다. 구찌가 제페토 내에 입점해 자사 제품을 홍보하고, 방탄소년단이 〈포트나이트〉에서 공연한 것 역시 컨소시엄 협력의 한 형태를 보여준 것으로 이해될 수 있다.

아크인베스트ARK investment는 "지금의 가상 세계는 서로가 독립적이다. 하지만 미래에는 이들이 상호작용을 하며 메타버스로 합쳐질 것이다."라고 예상했다. 디지털 세계는 모두 숫자라는 공용어를 사용하기 때문에 서로 간의 협력이 용이하다. 독립적인 가상 세계가 하나의 메타버스(독점)로 합쳐질지 수 개의 메타버스(과점)로 합쳐질지는 알 수 없지만 다양한 메타버스 서비스 간의 협력 역시 빈번히 발생할 것이다.

한편 컨소시엄을 통해 실감 나는 현실과 유사한 3차원 디지털 세계가 구축된다 하더라도 이것이 정말 사람들이 원하는 것일까? 현실을 단순화시킨 2차원 게임에 비해 현실감 넘치는 3차원 게임은 피로도가 더 심하다. 아무래도 현실과 비슷해 긴장감이 더하고, 더 많은 정보를 받아들여야 하기 때문에 더 많은 집중도가 필요하기 때문이다. 사실 사람들이 **디지털 세계에서 기대하는 것은 소셜 및 엔터테인먼트이지 현실감이 아닐 수도 있다.** 그리고 이러한 부분은 이미 현재도 많은 SNS와 게임에서 이뤄지고 있다. 중요한 것은 이러한 사용자의 니즈를 찾는 것이지 현실감 넘치는 세계를 위한 기술에 초점을 둬서는 안 된다는 것이다.

빅테크 기업이 자신들의 기술로 여러 메타버스 플랫폼을 제공하고 나면 그 다음은 콘텐츠 경쟁이 시작된다. 2000년대 중반 기술적으로는 세컨드라이프, 마이스페이스가 앞섰을지 모르겠지만 결국 페이스북과 트위터 사용자들이 구축한 콘텐츠를 이기지 못했다. 그런 의미에서 기술 회사가 다양한 콘텐츠를 보유한 엔터테인먼트나 게임 회사와 협력하는 방법은 자연스럽다.

메타버스를 구축하기 위한 기술도 부족하고 콘텐츠도 부족하다면 **메타버스 세상이 펼쳐졌을 때 활용할 수 있는 서비스**가 무엇일지 고민해 보는 것도 좋다. 메타버스 세계가 대중화되면 디지털 세계의 활동량이 늘어나는 대신 현실에는 무관심해거나 건강 관리에 소홀해질 수 있다. 이런 라이프 스타일의 변화에 맞춰 디지털 데이터를 통해 건강을 모니터링하는 디지털 치료제 서비스도 증가할 수 있다.

디지털 세계의 참여도가 높다는 점은 사용자의 **디지털 데이터가 급격히 증가함**을 의미한다. 또한 디지털 세계의 모든 행동은 기록 가능하다. 따라서 사용자의 움직임을 더욱 세밀히 관찰해 상품과 사용자를 연결하는 마케팅을 최적화할 수도 있다. 다양한 인센티브에 보상을 주는 블록체인 시스템과 결합해 이를 금융서비스로 확장하기도 쉽다. 급격한 변화의 시대에 발맞춰 간다면 그 흐름을 주도하기는 어렵더라도 그 안에서 더욱 많은 비즈니스 기회를 잡을 수 있을 것이다.

개인의 입장에서는 새로운 비즈니스 공간이 열린 것이다. 디지털 콘텐츠의 가치는 더욱 빛을 발하게 되며 나이, 성별, 국적, 사회 경제적 지위를 떠나 해당 콘텐츠로 인정받게 될 것이다. 이 사실은 이미 유튜브의 크리에이터가 잘 보여주고 있다. 유튜브는 크리에이터에게 보상을 주는 구조로 크리에이터를 유입하고 경쟁을 시킴으로써 스스로가 콘텐츠를 생성하는 대신 사용자가 생성과 소비를 동시에 하게 함으로써 선순환 생태계를 구축할 수 있었다. 크리에이터 시장 규모가 커짐에 따라 영상편집과 관련된 직업이 생기고, MCN 같이 크리에이터를 기획하고 관리하는 산업이 생겨났다.

메타버스 역시 콘텐츠를 만들기 위한 크리에이터 교육도 생겨나고 있다. 메타버스는 유튜브보다 훨씬 광범위한 콘텐츠를 다루기 때문에 진입장벽이 높다. 대체로 어도비, 3차원 디자인 툴과 VR 툴, 유니티 언리얼과 게임엔진 사용법, 인공지능 교육 등 메타버스 내 콘텐츠를 생성하는 도구에 대한 다양한 기술교육이 실시되고 있다. 따라서 영상편집과는 달리 더 소수의 사람들이 이 기술을 활용할 수 있을 것이다. 다행히 이러한 메타버스 콘텐츠 생성을 도와주는 서비스가 개발되고 있어 이러한 난점을 해소할 수 있을 것이다. 예를 들어 웹툰의 마감처리를 도와준다거나 이미 제작된 콘텐츠를 손쉽게 재활용할 수 있게 하는 서비스가 있다.

크리에이터의 증가로 메타버스 속에서는 현실보다 공급자와 이용자 간의 경계가 더욱 모호해질 것이다. 유튜브의 영상 콘텐츠 소비자는 댓글 콘텐츠 생산자이기도 하다. 생산자와 소비자의 역할을 동시에 수행하는 프로슈머의 개념은 더욱 확장될 것이며 콘텐츠 종류도 다양해질 것이다.

간편해지는 금융시스템은 투자자와 소비자의 역할을 동시에 수행하는 인베스트슈머investsumer: investor+consumer의 등장을 예고한다. 좋은 제품 또는 서비스를 알아본 소비자가 단순히 이를 소비하는 데 그치는 것이 아니라 제품에 투자할 수 있다면 어떨까? 블록체인 서비스 중에는 좋은 서비스에 먼저 참여하고 생태계를 구축한 이에게 인센티브를 제공하고 이에 보상을 얻을 수 있는 구조가 많이 있다. 메타버스 속에 이러한 구조를 도입할 수 있으며 이미 메타버스 서비스는 인베스트슈머의 요소를 담아가고 있다. 예를 들어 NFT를 통해 좋은 콘텐츠를 먼저 알아본 소비자가 이를 소유하고 홍보해 가치를 높이며, 부동산 메타버스 플랫폼의 부동산 소유자는 자신의 이익을 위해 자발적으로 플랫폼을 홍보하고 있다.

인베스트슈머의 확산과 함께 **일상의 금융화**도 확산될 것이다. 디지털 세계의 간편한 금융시스템을 통해 많은 콘텐츠가 투자자산이 될 것이며, 디지털 세계에 기록되는 사용자의 행동과 선택에도 인센티브 구조가 더해질 것이다. 특정 행동마다 이에 가치를 매기고 보상을 주는 구조가 복잡하게 얽힐 것이며, 관련한 파생 금융서비스도 급증하게 될 것이다. 메타버스 속 금융시스템은 현실의 은행과 증권과는 완전하게 달라질 것이다. 그리고 이 경제시스템의 변화는 메타버스 속 사회와 산업이 현실과는 완전히 똑같지는 않을 수 있음을 암시한다.

메타버스의 미래

메타버스 키워드가 점점 대중화되고 있으며, 다양한 메타버스를 표방하는 서비스가 실제로 운용되고 있다. 그러나 그 상황을 조금만 살펴보면 주 사용자는 유아인 경우가 많다. 2017년 한 조사에 따르면 13세 미만 어린이들이 〈로블록스〉를 즐겨 사용하는 반면 13세 이상 어린이들은 더욱 다양한 콘텐츠를 제공하는 유튜브를 즐겨 사용하는 것으로 나왔다. 국내의 경우도 별반 다르지 않으며 대표 메타버스 서비스도 주된 이용자층은 주로 초등학생이며 중고등학생만 돼도 이용률이 현격히 떨어진다.

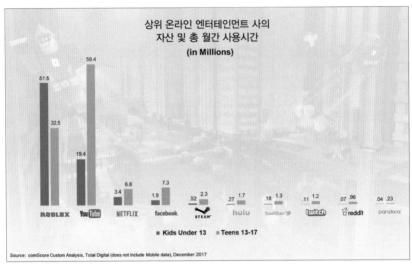

그림 4.5 13세 이하의 어린 친구들은 〈로블록스〉를 즐기는 반면 13세를 넘어가면 유튜브를 더 선호한다.[9]

메타버스에 뜨거운 관심을 보이는 성인들은 사실 기술의 효용이 아닌 투자가치에 더 집중하고 있음을 알 수 있다. 구글에 메타버스라고 검색하면 절반 이상이 메타버스 관련 주식에 대한 글이 나온다. 실제로 금융기관에서도 메타버스와 관련된 상품을 재빠르게 출시하고 있다.

9　출처: https://ir.roblox.com/news/news-details/2018/Roblox-Emerges-as-a-Top-Online-Entertain ment-Platform-for-Kids-and-Teens-in-2017/default.aspx

회사	상품	특징	대표 종목
삼성자산운용	글로벌 메타버스 펀드	메타버스 8대 산업에 집중 투자·테마로테이션 방식으로 투자	페이스북, 페이팔, 로블록스, 네이버
KB자산운용	메타버스 경제 펀드	메타버스 하드웨어·소프트웨어·플랫폼 기업에 투자	애플, 마이크로소프트, 엔비디아, 유니티
미래에셋 글로벌엑스	Video Games & Esports ETF	게임 산업에 집중 투자	엔비디아, 액티비전 블리자드, 일렉트로닉 아츠, 넷이즈
아크인베스트	Next Generation Internet ETF	차세대 인터넷 산업에 집중 투자	테슬라, 쇼피파이, 트위터, 로블록스

그림 4.6 메타버스 관련 주요 펀드, ETF[10]

그러나 당시 주류 신기술이었던 3D 프린터나 블록체인, AI 기술이 사람들이 열광했던 것보다는 정해진 시간 안에 성과를 보여주지 못했음을 기억해야 한다. 따라서 메타버스에 관심이 있다면 단기적 가치를 추구하기보다는 관련 제반 기술이 성숙할 수 있도록 인내할 필요가 있다. 멀지 않은 시기에 메타버스 관련 기술은 성숙할 것으로 생각되는데, **모든 시대적 변화는 디지털화로 가고 있기 때문**이다.

가장 경계해야 할 것은 무조건적인 낙관적 미래 전망이다. 과거에도 그러했듯이 무수히 많은 미래에 대한 전망 중 일부만이 실현될 수 있을 텐데, 우리는 그것이 무엇인지 알 수 없다. 모든 사람이 메타버스에 접속해서 살지는 않을 것이다. SNS가 대중화된 지금도 아직 SNS를 하지 않는 사람들도 있고, 지나친 초연결시대에 피곤함을 표현하며 그만둔 이들도 많이 있다. 메타버스도 사람들이 이용할 수 있는 다양한 서비스 중 하나일 뿐이며 메타버스가 세상의 모든 문제를 해결해 주는 만병통치약도 아니다.

---

10 문지웅, 신화 기자, "1700조 시장이라는데 수혜주 찾기는 어렵고… 메타버스 펀드가 뜬다", 매일경제, 2021년 6월 28일(https://www.mk.co.kr/news/stock/view/2021/06/624260/)

그러나 새로운 산업이 태동하고 있는 이 시기에 언론에서 메타버스에 대해 부정적 전망을 내놓을 리가 거의 없다. 블록체인이나 인공지능 기술에서도 그러하듯 많은 경우 부정적 부분을 무시하고 긍정적 전망만 부분적으로 공개할 가능성이 매우 높다. 블록체인과 인공지능의 사례를 생각해 보면 기술이 처음 나왔을 때 이들이 할 수 있는 것에 비해 세상의 모든 문제를 다 해결할 수 있는 것처럼 여겨져 이 용어가 남용됐다.

메타버스 역시 아직까지 그 개념이 모호해 메타버스라는 단어에서 받는 느낌이 사람마다 다르다. 따라서 다양한 메타버스 적용사례가 나오고 있지만 아직까지 기존 서비스의 이름만 바꾼 형태가 많으며, 시장의 반응을 보기 위한 일회성 이벤트도 많다. 뿐만 아니라 많은 가입자 수를 얘기하지만 호기심에 한 번 가입하고 이용하지 않는 경우도 많으며, 가입자 수와 별개로 수익을 내고 있는 서비스도 몇몇 분야에 한정된다.

다시 블록체인과 인공지능의 사례로 돌아가보면 이들 기술의 무분별한 확산시기가 지나간 후에는 이 기술이 필요한 영역이 명확해지기 시작했다. 메타버스 역시 분야를 가리지 않고 다양한 산업영역에 적용된 후 실제로 필요한 영역이 걸러지는 역사를 반복할 것이다. 급격히 변화하는 시대에도 기술 및 사회문화의 변화의 본질을 꿰뚫어 보는 눈만이 그 변화의 혜택을 누리게 해 줄 것이다.

메타버스가 세상에 받아들여지기 위해서는 메타버스를 경험해 보고 싶어서 찾는 것이 아니라 **필요에 의해서 찾을 수밖에 없게 만들 무언가**가 있어야 한다. 스마트폰이 나온 2007년 이후 모바일 기술이 무르익고 잠재력을 충분히 발휘해 관련 산업이 터져 나오기까지는 10년의 시간이 걸렸다. 메타버스는 이제 시작 단계로 아직 완성체가 아니다. 따라서 메타버스가 우리 생활에 스며들어와 안착하기까지는 조금 더 긴 호흡으로 기다릴 필요가 있다.

전화영어는 영어를 배우려는 이와 영어 원어민을 연결해주는 서비스다. 캠블리Cambly는 이를 화상채팅으로 할 수 있게 만든 플랫폼으로 채팅하듯이 학생이 대기실의 선생님을 선택해 함께 대화를 나눌 수 있으며, 이 시간에 따라 강사인 영어 원어민 강사에게 보수를 지급한다. 선생님들의 면면을 살펴보면 사람들이 선호하는 미국 또는 영국 국적의 강사가 비교적 물가가 저렴한 동남아시아나 남아메리카의 교외지역에서 거주하는 경우가 많다. 디지털 세계의 만남은 현실 세계 어디서든지 가능하기 때문이다. 이 사례처럼 시공간의 제약이 없는 메타버스는 현실 세계에 변화를 가져올 수 있다.

20세기는 도시화로 인해 인구 집중화가 급격히 진행됐다. 국토교통부의 공시자료에 따르면 도시 면적은 전체 국토 대비 17% 정도임에도 우리나라 인구의 90% 이상이 도시에 살고 있는 것으로 파악됐다. 도시의 인구 집중화는 도시 주거환경이 열악해진다는 문제와 지방 소외의 문제를 일으키고 있다. 디지털 세계에서의 직업은 한 대안이 될 수 있다. 사람들이 메타버스 내에서 경제활동을 하며 재화를 생산하고 소비하며 직업도 가질 수 있다면 현실 세계의 인구집중을 어느 정도 해소할 수 있을 것이다.

메타버스는 인구 집중뿐만 아니라 현실 세계의 다양한 집중과 비대칭을 해결할 수 있다. 메타버스에서는 현실 모습 중 드러내고 싶은 부분만 선택적으로 드러낼 수 있기 때문이다. 현실에서 드러나는 나이와 성별,

종교의 차이, 사회적 차이 및 경제적 차이 모두 메타버스 속에서는 중요하지 않은 문제다. 시간이 가면서 이러한 차이로 구별 받지 않는 세상이 오는 게 변화의 바람직한 방향이며 **메타버스는 이러한 시대의 방향성과 일치**한다. 이런 점에서 메타버스를 활용하려는 시도는 계속될 것이다.

메타버스는 인터넷이 그러했듯 분명 현실 속 많은 문제를 해결함과 동시에 또 많은 새로운 문제를 일으킬 것이다. 기술은 잘 사용하면 신대륙 발견 같은 세상의 지평을 넓히는 역할을 할 수 있지만, 잘못 사용하면 현실 사회에 해를 끼칠 수도 있기에 **파급력이 큰 기술일수록 더욱 적절한 제어가 가능한 수준에서 발전할 필요**가 있다. 2050년의 메타버스는 인류에 도움이 되는, 인류의 역사를 바꿀 기술이 돼 있을까?

21세기 인류는 오늘도 저 먼 우주로, 깊은 바다 속으로 그리고 무궁무진한 디지털 세계 속으로 그 영역을 넓혀가고 있다.

찾아보기

메타버스 테크놀로지

디지털 트랜스포메이션의 종착지

발 행 | 2021년 10월 29일

지은이 | 김 기 영

펴낸이 | 권 성 준
편집장 | 황 영 주
편 집 | 조 유 나
디자인 | 윤 서 빈

에이콘출판주식회사
서울특별시 양천구 국회대로 287 (목동)
전화 02-2653-7600, 팩스 02-2653-0433
www.acornpub.co.kr / editor@acornpub.co.kr